Uma imersão na computação através da sua evolução histórica

COM ALGORITMOS

Elementos de Programação
para Físicos, Cientistas e Engenheiros

**Dos sistemas de Hollerith
ao despertar da era digital**

Uma imersão na computação através da sua evolução histórica
COM ALGORITMOS
Elementos de Programação para Físicos, Cientistas e Engenheiros
Dos sistemas de Hollerith ao despertar da era digital

Regiane Aparecida Ragi Pereira

2024

Copyright © 2023 Regiane Aparecida Ragi Pereira
1ª Edição

Direção editorial: José Roberto Marinho

Capa: Fabrício Ribeiro
Revisor técnico: Murilo Araujo Romero

Edição revisada segundo o Novo Acordo Ortográfico da Língua Portuguesa

Dados Internacionais de Catalogação na publicação (CIP)
(Câmara Brasileira do Livro, SP, Brasil)

Pereira, Regiane Aparecida Ragi
Uma imersão na computação através da sua evolução histórica com algoritmos: elementos de programação para físicos, cientistas e engenheiros dos sistemas de Hollerith ao despertar da era digital: volume 2 / Regiane Aparecida Ragi Pereira. – São Paulo: Livraria da Física, 2023.

Bibliografia.
ISBN 978-65-5563-399-3

1. Cálculos numéricos - Programas de computador 2. Ciência da computação - História 3. Linguagem de programação 4. Software - Desenvolvimento I. Título.

23-182145   CDD-004

Índices para catálogo sistemático:
1. Ciência da computação 004

Tábata Alves da Silva - Bibliotecária - CRB-8/9253

Todos os direitos reservados. Nenhuma parte desta obra poderá ser reproduzida sejam quais forem os meios empregados sem a permissão da Editora.
Aos infratores aplicam-se as sanções previstas nos artigos 102, 104, 106 e 107 da Lei Nº 9.610, de 19 de fevereiro de 1998

Editora Livraria da Física
www.livrariadafisica.com.br
(11) 3815-8688 | Loja do Instituto de Física da USP
(11) 3936-3413 | Editora

Sumário

Introdução 7
Capítulo 6 –Pré-Cálculo Numérico 11
    Métodos de solução de problemas científicos e de engenharia 11

    Métodos gráficos de solução de equações 11

    Método Analítico Aproximado de Newton-Taylor 15

    Método Analítico Aproximado Simplificado 22

    Usando MAAS para resolver equações polinomiais 23

    MAAS de Precisão Aumentada (MAAS-PA) 26

    Questões, Exercícios, Atividades & Treinamento 42
Capítulo 7 – A mecanização do cálculo ganha impulso 45
    Primeiro processador de dados do mundo 45

    Primeiro sistema de acesso serial de dados. 46

    Primeiro sistema de acesso aleatório de dados. 47

    Os benefícios da eletricidade nos sistemas de Hollerith 47

    Um difícil começo para a Tabulating Machine Company 47

    Surge a IBM em 1924 48

    A ascensão da indústria de calculadoras mecânicas 48

    Novas necessidades computacionais 49

    O desenvolvimento da modelagem matemática de problemas 50

    Aparelhos para calcular esquisitos de usar 67

    O Analisador Diferencial Teórico de Lord Kelvin 70

    Estabilidade em uma linha de transmissão 71

    Projetos de máquinas para calcular sistemas lineares de equações 72

    O Analisador Diferencial de Vannevar Bush 72

    O sonho de uma máquina de uso geral 73

    Questões, Exercícios, Atividades & Treinamento 74
Capítulo 8 - Um passeio pelos caminhos da Lógica 77
    A Lógica 77

    A Lógica moderna 82

    George Boole e Augustus De Morgan 82

    Matemática Discreta 83

Álgebra Booleana, um sistema simbólico 84

Passos iniciais de Lógica com Maple 85

As operações lógicas básicas da Álgebra Booleana 87

Tabela Verdade 88

Teoremas de De Morgan 88

Funções Booleanas 89

Determinando a Tabela-Verdade de uma função Booleana 91

Simplificação de Funções Booleanas 92

Questões, Exercícios, Atividades & Treinamento 94

Capítulo 9 – A calculadora analógica gigante de Harvard 97
Aiken e o Harvard Mark I 97

Computadores Analógicos 99

Questões, Exercícios, Atividades & Treinamento 111

Capítulo 10 – O despertar da era digital 113
Claude Shannon e o Analisador Diferencial 113

Shannon - uma ponte entre teoria algébrica e de circuitos 114

Stibitz e o somador de cozinha 115

Atanasoff e a calculadora de resolver equações lineares 117

Geração Zero da computação 120

Implementações físicas da álgebra de Boole 121

As portas lógicas básicas 122

Exemplos de circuitos lógicos simples 125

Simplificação de circuitos lógicos 128

Computadores digitais 133

Exemplos de Computadores digitais 135

Computadores analógicos versus computadores digitais 143

Computadores híbridos 145

Exemplos de computadores híbridos 145

Questões, Exercícios, Atividades & Treinamento 151

Bibliografia 155

Introdução

No volume anterior, abordamos o desenvolvimento da computação desde suas raízes na Computação Primitiva até o Legado de Charles Babbage. Ao longo deste novo volume, exploramos a evolução da mecanização do cálculo até o surgimento da era digital com figuras influentes como Shannon, Stibitz e Atanasoff, ao mesmo tempo em que introduzimos conceitos como Pré-Cálculo Numérico e exploramos a resolução de problemas de equações diferenciais usando plataformas computacionais modernas. Esses avanços nos permitiram chegar ao ponto em que a computação desempenha um papel central em quase todos os aspectos de nossas vidas nos dia de hoje. Para efeitos ilustrativos, usamos o Maplesoft como ferramenta de computação algébrica. Entretanto, o professor, ou o estudante, podem utilizar a plataforma computacional que for mais conveniente para os objetivos do cursos em desenvolvimento. Os problemas dessa coleção são elaborados para serem resolvidos indiferentemente da plataforma computacional escolhida. Convidamos o leitor a iniciar sua jornada, ao longo da evolução histórica da computação, mergulhando no site da Computer History Museum, para ir além das ideias expressas neste livro e estar cada vez mais preparado para criar e aproveitar tecnologias a serviço da Humanidade. Boa viagem!

QRCode 1 - IDEA

Sobre os assuntos tratados em cada capítulo

Capítulo 6 – Pré-Cálculo Numérico

No capítulo 6, vamos discutir o que chamamos de Pré-Cálculo Numérico, que consiste em um esquema de solução analítica aproximada simplificada, de equações polinomiais e/ou transcendentais. Para o desenvolvimento desse tópico, apresentamos, inicialmente, dois métodos de solução de equações, o Método Gráfico (MG) e o Método Analítico Aproximado de Newton-Taylor (MAANT). Esses métodos são o ponto de partida para o que apresentaremos a seguir, o Método Analítico Aproximado Simplificado (MAAS)), que pode ser usado para resolver problemas de equações polinomiais, e/ou, transcendentais que surgem frequentemente em física, ciências e engenharia, podendo, assim, atender muitas aplicações práticas de interesse. O tipo de solução algébrica explorado nesse capítulo é muito útil, porque o resultado não fornece somente um número, mas sim uma expressão matemática, que permite conhecer a relação funcional entre os parâmetros de um problema. Além disso, os aspectos discutidos nesse capitulo servem de iniciação ao Cálculo Numérico.

Capítulo 7 – A mecanização do cálculo ganha impulso

No Capítulo 7, discutimos sobre os inúmeros avanços ocorridos no final do século XIX, impulsionados pela Revolução Industrial, tal como, o desenvolvimento do primeiro processador de dados do mundo, desenvolvido por Hollerith, aproveitando-se, em sua época, já do domínio da tecnologia da eletricidade. Além disso, neste capítulo, discutimos, também, como, as novas necessidades trazidas pelo desenvolvimento do Cálculo Diferencial e Integral, impulsionaram o desenvolvimento da computação. Também discutimos, sobre uma série de dispositivos analógicos que foram inventados para auxiliar o Cálculo Diferencial e Integral. Aproveitamos a oportunidade para explorar diversos problemas envolvendo equações diferenciais. Essas equações são amplamente utilizadas na ciência e engenharia para modelar fenômenos que variam com o tempo ou o espaço. Desde a física e a química até a biologia e a economia, equações diferenciais são fundamentais para descrever o comportamento de sistemas complexos. Resolver problemas de equações diferenciais usando as ferramentas computacionais modernas traz inúmeras vantagens. Com a ajuda da computação, podemos estudar como um sistema se comporta em uma ampla gama de cenários, variando parâmetros, condições iniciais e outras variáveis. Isso nos permite entender melhor o comportamento do sistema sob diferentes condições e realizar simulações que podem ser inviáveis ou impraticáveis de serem realizadas manualmente. Ao explorar problemas envolvendo equações diferenciais e aproveitar as ferramentas computacionais modernas, ampliamos nosso entendimento e capacidade de analisar fenômenos complexos em ciência e engenharia. Essa abordagem nos permite tomar decisões mais informadas, projetar sistemas mais eficientes e compreender melhor o mundo ao nosso redor.

Capítulo 8 - Um passeio pelos caminhos da Lógica

No Capítulo 8, depois dos notáveis desenvolvimentos assistidos na engenharia mecânica que levaram à fabricação de máquinas de calcular mecânicas mais eficientes no século XIX, culminando no surgimento do Analisador Diferencial, discutimos, neste capítulo, os grandes desenvolvimentos assistidos no terreno da Lógica, neste período, e, como, o estudo da Lógica auxilia no estudo da computação em geral. Com o intuito de fornecer uma melhor familiarização, com o assunto, introduzimos noções de Lógica Formal, onde, diversos exemplos lógicos são apresentados, entre eles, os conectivos lógicos, que são usados amplamente na Programação de Computadores. Discutimos, também, como, o trabalho de George Boole e de Augustus De Morgan, influenciaram o estudo da Lógica, uma disciplina, antes, apenas no terreno da Filosofia, que se transformou, em um vigoroso ramo da matemática. Discutimos ainda, neste capítulo, noções da Álgebra Booleana, operações lógicas básicas, Teorema de De Morgan, operações Booleanas, Tabela-Verdade, e simplificação de funções Booleanas. Neste capitulo, podemos usar o Maplesoft, ou outra plataforma que preferir, para realizar operações lógicas básicas, como negação (NOT), conjunção (AND) e disjunção (OR), além de outras, pois o Maplesoft é um software de álgebra computacional que pode ser usado para realizar cálculos com funções booleanas, o que significa que podemos usá-lo para trabalhar com valores lógicos "verdadeiro" ou "falso".

Capítulo 9 – A calculadora analógica gigante de Harvard

No Capítulo 9, discutimos, que, embora, muitos empreendimentos na História da Computação pareçam, à primeira vista, apenas um desperdício de tempo e investimento, ocorrem também, com eles, um acúmulo de aprendizado e experiencia, que são reaproveitados em outros projetos, e aprimorados sucessivamente ao longo do tempo, até atingir um grau de amadurecimento tecnológico aceitável. Neste capítulo, discutimos, como Harvard Mark I tornou-se uma das últimas calculadoras analógicas, relevante, na história da computação. Pelo menos uma representante da sua categoria, construída na Universidade de Harvard, em 1937, por Howard H. Aiken. Uma calculadora mecânica gigante, mas excelente para realizar operações aritméticas básicas, o que a tornou, particularmente adequada para a produção de Tabelas Matemáticas, a qual foi sua principal ocupação durante a maior parte de sua vida útil de dezesseis anos. Neste capítulo, discutimos também, sobre as características dos computadores analógicos, tal como a Harvard Mark I, e qual o seu papel, no início do desenvolvimento da computação. Exemplos de computadores analógicos, são discutidos, juntamente com, as noções de sinais analógicos, e análogos físicos correspondentes.

Capítulo 10 – O despertar da era digital

No Capítulo 10, discutimos, como, os computadores analógicos, tais como, o Analisador Diferencial e o Harvard Mark I, influenciaram no desenvolvimento de trabalhos brilhantes, como o de Claude Shannon e Augustus De Morgan, os quais, acabaram deslocando o centro das atenções, das máquinas mecânicas para um alvo mais abstrato e inovador: máquinas que implementavam a álgebra Booleana, para fazerem mais, e melhor, dando origem, a uma máquina de computação digital. Neste capítulo, discutimos como George Stibitz, um jovem físico que trabalhava na Bell Telephone Laboratories, em Nova York, e, John Atanasoff, um professor de física que trabalhava na Faculdade Estadual de Iowa, ambos, no ano de 1937, nos Estados Unidos, contribuíram para o desenvolvimento das máquinas digitais. Também discutimos, sobre a implementação física da álgebra de Boole, as portas lógicas, exemplos de circuitos lógicos simples, simplificação de circuitos lógicos, e os sinais binários em circuitos eletrônicos digitais. Além disso, discutimos ainda, sobre as características dos computadores digitais, e as razões pelas quais, eles dominaram a tecnologia de computadores eletrônicos do século XX. Diversos exemplos de computadores digitais e híbridos são discutidos.

Capítulo 6 –Pré-Cálculo Numérico

Neste capítulo, vamos discutir sobre o que chamamos de Pré-Cálculo Numérico, que consiste em um esquema de solução analítica aproximada simplificada, de equações polinomiais e/ou transcendentais. Para o desenvolvimento desse tópico, apresentamos, inicialmente, dois métodos de solução de equações, o Método Gráfico (MG) e o Método Analítico Aproximado de Newton-Taylor (MAANT). Esses métodos são o ponto de partida para o que apresentaremos a seguir, o Método Analítico Aproximado Simplificado (MAAS)), que pode ser usado para resolver problemas de equações polinomiais, e/ou, transcendentais que surgem frequentemente em física, ciências e engenharia, podendo, assim, atender muitas aplicações práticas de interesse.

Ao completar este capítulo, você estará apto a:

- Trabalhar com equações polinomiais e transcendentais em plataformas de computação algébrica.
- Usar o método gráfico para solução de equações transcendentais.
- Usar o método analítico aproximado de solução de equações transcendentais ou polinomiais apresentado neste capítulo.
- Avaliar os resultados obtidos nas aproximações usadas calculando o erro relativo.
- Usar os recursos de programabilidade para resolver problemas de ciências e engenharia.

Métodos de solução de problemas científicos e de engenharia

Considere a equação,

$$f(x) = 0 \qquad (1)$$

para todo x real, que possui, além de termos polinomiais, também, termos de funções transcendentais em sua composição, tais como, seno(x), cosseno(x), exp(x) etc. Podemos encontrar na literatura científica diversos tipos de solução para equações desse tipo, dependendo da complexidade matemática e do nível de dificuldade, envolvidos. Neste capítulo, vamos discutir alguns métodos de solução, que poderão ser usados para resolver analiticamente problemas de equações polinomiais e transcendentais, que surgem em física, ciências e engenharia, e que apresentam um nível de precisão adequado, para várias situações de interesse. Os casos, entretanto, que exigem maior precisão, ou que possuem um grau de complexidade matemática maior, que inviabiliza a solução analítica aproximada, devem ser tratados no escopo do Cálculo Numérico. No entanto, a nível de Pré-Cálculo Numérico, há um número muito grande de problemas que podem ser resolvidos, e o estudo desses problemas, é uma preparação conveniente, para lidarmos, posteriormente, com problemas que requerem um alto grau de conhecimento matemático. Nas próximas seções vamos discutir um pouco sobre o método gráfico e o analítico para solução de problemas diversos.

Métodos gráficos de solução de equações

Um método de solução, bastante comum, para solução de equações, tal como a Eq. (16), é o chamado, Método Gráfico, que permite obter soluções aproximadas, que podem ser consideradas, um chute inicial, para métodos de solução mais precisos. O Método Gráfico consiste em se fazer uma

representação gráfica, de uma função, $f(x)$, como mostrado na Figura 1-a, e, procurar nesse gráfico, a intersecção dessa curva, com o eixo das abscissas, para se encontrar a raiz, ou as raízes da equação, $f(x) = 0$. Vamos chamar essa abordagem de Método Gráfico 1. Ou, de outra maneira, podemos fazer a representação gráfica, de duas funções, que compõem, a função original,
$$f(x) = f_{esq}(x) - f_{dir}(x) = 0$$
de modo que podemos escrever,
$$f_{esq}(x) = f_{dir}(x) \tag{2}$$
com $f_{esq}(x)$, uma função real, correspondente ao lado esquerdo da Eq. (2), e $f_{dir}(x)$, uma função real, correspondente ao lado direito, da mesma equação.

A representação gráfica dessas duas curvas é mostrada na Figura 1-b, podendo-se a partir disso, alternativamente, também, se encontrar a raiz, ou as raízes da equação, $f(x) = 0$. As duas curvas que representam as duas funções, a da direita e a da esquerda, $f_{dir}(x)$ e $f_{esq}(x)$, devem ser sobrepostas, num único gráfico, e pontos de intersecção entre ambas as curvas, devem ser procurados, pois revelam as raízes do problema. Vamos chamar essa abordagem de Método Gráfico 2. As duas formas de encontrar as raízes são completamente equivalentes, e deve ser escolhida analisando-se caso a caso, podendo ser da preferência do desenvolvedor, preferir um ou outro. Um algoritmo do Método Gráfico é apresentado no Algoritmo 1.

Figura 1 – (a) Método Gráfico 1; (b) Método Gráfico 2.

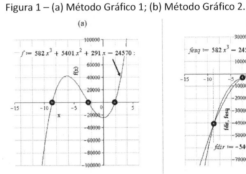

Fonte: Própria (2022)

Algoritmo 1

Passo	Descrição
1	Em função do tipo de problema que se quer resolver, escolher, dentre os métodos gráficos, (a) o Método Gráfico 1, ou, o (b) o Método Gráfico 2, aquele que for mais conveniente, e construir o esboço das curvas, para se encontrar a raiz ou as raízes do problema.
2	A partir de uma análise visual, chutar um intervalo, $$x_{min} \leq x \leq x_{max},$$ que contenha cada uma das raízes procuradas da equação, com x_{min} o menor valor, e x_{max}, o maior valor de x nesse intervalo.
3	Verificar se a escolha do intervalo, $x_{min} \leq x \leq x_{max}$, para cada raiz, satisfaz as seguintes condições matemáticas importantes: Condição 1 Se a função, $f(x)$, é contínua e se assume valores de sinais opostos no intervalo, $x_{min} \leq x \leq x_{max}$. Condição 2 Se $f'(x)$ preserva o sinal no intervalo, $x_{min} \leq x \leq x_{max}$, de modo que possamos garantir que a raiz, x, seja única, dentro nesse intervalo.

4	Por fim, se a Condição 1 e a Condição 2 forem satisfeitas, encontrar o valor aproximado da raiz, usando o cálculo da média aritmética, $$x_0 = \frac{1}{2}(x_{max} + x_{min}). \qquad (3)$$ Se por outro lado, qualquer uma dessas condições não forem satisfeitas, então, procurar um novo intervalo, $x_{min} \leq x \leq x_{max}$, que satisfaça a Condição 1 e a Condição 2, e testar a verificação novamente.

Nos tempos pré-computador eletrônico, esse método era realizado manualmente, usando-se folhas de papel especificas para essa finalidade, as folhas de papel milimetrado, papel de log e de dilog. Nos tempos modernos entretanto, as plataformas computacionais algébricas, fornecem diretamente os valores procurados, simplesmente, clicando-se sobre os pontos no gráfico, obtendo-se, instantaneamente, os valores das coordenadas procuradas. Mas, em essência, seja em tempos pré-computador ou pós, a sistemática usada nos métodos gráficos é basicamente a mesma. Para clarear melhor alguns pontos levantados aqui, vamos discutir a seguir a utilização do método gráfico para solução de uma equação transcendental, no Exemplo 108.

Exemplo 1

Suponha que, em algum trabalho de física, ciências ou engenharia, seja necessário resolver a seguinte equação transcendental,

$$2x - 7 = \sin(x), \qquad (4)$$

utilizando um método gráfico de solução de raízes de uma equação. Para isso, considere inicialmente, o intervalo maior, $0 \leq x \leq 10$, e reduza-o, a partir de uma análise neste gráfico, chutando um intervalo, $x_{min} \leq x \leq x_{max}$, que deva conter a raiz procurada da equação. Teste, se a Condição 1 e a Condição 2 estão asseguradas. A partir da escolha desse intervalo, encontre o valor aproximado da raiz, x_0. Para a realização desta atividade, utilize o ambiente computacional que preferir, a fim de realizar todos os procedimentos computacionais necessários.

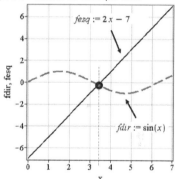

Figura 2 - Gráfico do Exemplo 108.

Fonte: Própria (2022)

O método gráfico é um recurso matemático muito útil para auxiliar a resolver equações transcendentais, em diversos tipos de problemas. Neste problema em particular, vamos usar o Método Gráfico 2, que permite um entendimento melhor do problema, consistindo em esboçar a curva da função do lado direito da Eq. (4), conjuntamente, com a representação da curva do lado esquerdo da mesma equação, como mostrado na Figura 2. Quando plotamos ambas as curvas, a da direita e a da esquerda, juntas, podemos notar, no intervalo considerado, um ponto de intersecção entre elas. Este ponto de intersecção corresponde à raiz procurada, x_0, da Eq. (4). Realizando uma análise neste gráfico, podemos fazer uma escolha, grosseira, mas útil, do intervalo que contêm a raiz da Eq. (4). Podemos, por exemplo, escolher $x_{min} = 2$ e $x_{max} = 5$, o que resulta na raiz aproximada, $x_0 \sim 3.5$, com base na Eq. (3). As condições Condição 1 e Condição 2 devem ser verificadas, estudando-se a continuidade da função,

$$f(x) = 2x - 7 - \sin(x),$$

e o sinal da sua derivada, no intervalo, $x_{min} \leq x \leq x_{max}$.

TREINAMENTO COMPUTACIONAL 1

```
> #######################
> ### Nome do arquivo: Exemplo 108.mw
> ### Data: 25/04/2022
> #######################
> restart;
> xmin := 0;
> xmax := 7;
> fesq := 2*x-7;
> fdir := sin(x);
> plot([fesq, fdir], x = xmin .. xmax, axes = boxed, axis = [gridlines = [10, color = gray]], labels = ["x", " fdir, fesq "], labeldirections = ["horizontal", "vertical"], labelfont = ["TIMES", 16], tickmarks = [10, 10], font = ["TIMES", 14], color = [black, red], style = [line, line], symbol = [point, point], thickness = [2, 3], view = [xmin .. xmax, -7 .. 7], linestyle = [1, 3]);
> #######################
> ### Verificando a Condição 6.1
> f := fesq-fdir
```
$$f := 2x - 7 - \sin(x)$$
```
> plot([f, f], x = xmin .. xmax, axes = boxed, axis = [gridlines = [10, color = gray]], labels = ["x", " f "], labeldirections = ["horizontal", "vertical"], labelfont = ["TIMES", 16], tickmarks = [10, 10], font = ["TIMES", 14], color = [black, red], style = [line, point], symbol = [point, circle], thickness = [2, 3], view = [xmin .. xmax, -7 .. 7], linestyle = [1, 3])
> ### Como é possível ver, a função troca de
> ### sinal no intervalo,
> ### Satisfazendo a Condição 6.1
> plot([df, df], x = xmin .. xmax, axes = boxed, axis = [gridlines = [10, color = gray]], labels = ["x", " f ´ "], labeldirections = ["horizontal", "vertical"], labelfont = ["TIMES", 16], tickmarks = [10, 5], font = ["TIMES", 14], color = [black, red], style = [line, point], symbol = [point, circle], thickness = [2, 3], view = [xmin .. xmax, 0 .. 4], linestyle = [1, 3])
> ### Verificando a Condição 6.2
> df := diff(f, x)
```
$$df := 2 - \cos(x)$$

Figura 3 – Verificação da Condição 6.1

Fonte: Própria (2022)

Figura 4 - Verificação da Condição 6.2

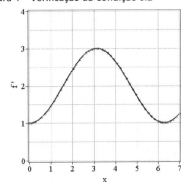

Fonte: Própria (2022)

```
> ### Como é possível verificar, a derivada de f
> ### preserva o sinal, ao longo do intervalo considerado
> ### Portanto, são satisfeitas as Condições 6.1 e 6.2
```

Pode-se buscar no Método Gráfico reduzir o intervalo que contém a raiz, $x_{min} \leq x \leq x_{max}$, até se obter uma precisão que se considere aceitável em um dado problema, desde que satisfaça a Condição 1 e a Condição 2. O valor encontrado para a raiz de uma equação, pelo método gráfico, pode ser usado como um chute inicial para métodos de solução mais precisos, razão pela qual, a sua compreensão é tão importante para solução de problemas matemáticos em computação.

Método Analítico Aproximado de Newton-Taylor

As equações, $f(x) = 0$, que possuem termos de funções transcendentais em sua composição, podem, em certos casos, serem resolvidas substituindo-se os termos de funções transcendentais, pelas aproximações polinomiais fornecidas pela Série de Newton-Taylor, até primeira ordem, ou qualquer outra ordem que se deseje, podendo ser expandidas em torno de um certo ponto, x_0, escolhido a partir do uso de um método gráfico, que estabeleça o intervalo que contém a raiz procurada, $x_{min} \leq x \leq x_{max}$. Nesse livro, chamamos essa estratégia, de Método Analítico Aproximado de Newton-Taylor (MAANT). O Algoritmo 2 descreve o passo a passo para a utilização do MAANT para solução de equações transcendentais.

Algoritmo 2

Passo	Descrição
1 - 4	Implementar Algoritmo 1, e encontrar x_0, o chute inicial.
5	Buscar um valor de referência usando um sistema computacional moderno de sua preferência, e chamar esse resultado de x_{REF}.
6	Na equação original, $f(x) = 0$, que se quer resolver, substituir os termos de função transcendental, tal como, sin(x), log(x), exp(x), etc., por uma função polinomial aproximada, obtida a partir da Série de Newton-Taylor dessa função, expandida em torno de x = x_0, até primeira ordem, ou outra ordem que preferir, para produzir uma função aproximada, $f_{aprox}(x)$, para, a partir dela, obter expressões matemáticas simplificadas, relevantes para os problemas em estudo.
7	Resolver a equação aproximada em x, $$f_{aprox}(x) = 0$$ para obter o valor da raiz, que, neste método, recebe o nome de x_{NT}. Procedimento análogo deve ser realizado para cada raiz real da função, estabelecendo um valor de chute inicial, x_{0k} para cada intervalo, $x_{mink} \leq x_{0k} \leq x_{maxk}$, fornecendo-se os valores das raízes, x_{0k}, sendo k, um valor inteiro que representa a k-ésima raiz da equação[1].
8	Comparar o resultado obtido no passo 7, x_{NT}, com o valor de referência, x_{REF}, encontrado no passo 5, calculando o erro relativo da aproximação.

Em seguida, vamos apresentar a utilização do MAANT para solução de algumas equações transcendentais.

Exemplo 2

Escreva um algoritmo para se obter uma solução analítica aproximada para a raiz da equação transcendental,

$$2x - 7 = \sin(x), \tag{5}$$

---

[1] Observe que, somente consideramos como resultados das equações encontradas, os valores de x obtidos, que recaem dentro do intervalo escolhido, $x_{mink} \leq x_{0k} \leq x_{maxk}$, para cada raiz, e descartamos quaisquer outros resultados, que não satisfazem essa condição.

usando MAANT, considerando três funções aproximadas possíveis para sin(x), obtidas a partir da expansão em Série de Taylor,

$$f_m(x) = \sum_{j=0}^{m} \frac{f^j(a)}{j!} (x-a)^j \tag{6}$$

com m $\in$ $\mathbb{N}$, um número inteiro, sendo a expansão em torno de $x = a$, e $a \neq 0$, a função:

$f_1(x)$, obtida com a expansão em Série de Newton-Taylor da função, sin(x), quando m = 1,

$f_2(x)$, obtida quando m = 2 e

$f_3(x)$, obtida quando, m = 3.

Compare os resultados com um valor de referência.

O método de solução analítico para este problema, baseado no MAANT, consiste em substituir a aproximação polinomial, para a função sin(x), fornecida pela Série de Newton-Taylor, Equação (6), página 16, nas ordens pedidas, m = 1, 2 e 3, na equação que se quer resolver, neste caso, a Equação (5), de modo a prover resultados aproximados, para a raiz procurada, x, como explicado, passo a passo, no Algoritmo 3.

Algoritmo 3

Passo	Descrição
1	Escrever as três funções aproximadas, $f_1(x)$, $f_2(x)$, e $f_3(x)$, baseadas na expansão em Séries de Newton-Taylor, da função sin(x), expandida em torno de x = x_0: $sin(x) = \sum_{n=0}^{\infty} \left(\frac{\sin(x_0)(-1)^n}{(2n)!} (x-x_0)^{2n} + \frac{\cos(x_0)(-1)^n}{(2n+1)!} (x-x_0)^{2n+1} \right)$, Usando a Estrutura de Controle Condicional, Se ... Então ... podemos escrever: <table><tr><td>Se m = 1</td><td>Então,</td><td>$f_1(x) = \sin(x_0) + \cos(x_0)(x-x_0)$</td></tr><tr><td>Se m = 2</td><td>Então,</td><td>$f_2(x) = \sin(x_0) + \cos(x_0)(x-x_0) - \frac{1}{2}\sin(x_0)(x-x_0)^2$</td></tr><tr><td>Se m = 3</td><td>Então,</td><td>$f_3(x) = \sin(x_0) + \cos(x_0)(x-x_0) - \frac{1}{2}\sin(x_0)(x-x_0)^2 + \frac{1}{24}\sin(x_0)(x-x_0)^3$</td></tr></table>
2	Escolher $x_{min} = 2$ e $x_{max} = 5$, o que resulta, $x_0 = 3.5$.
3	Onde se encontra a função transcendental, sin(x), substituir pelas funções aproximadas, $f_1(x)$, $f_2(x)$, e $f_3(x)$, considerando, m = 1, m = 2 e m = 3, respectivamente, obtendo as seguintes equações: <table><tr><td>Se m = 1</td><td>Então,</td><td>$2x - 7 = \sin(x_0) + \cos(x_0)(x-x_0)$</td></tr><tr><td>Se m = 2</td><td>Então,</td><td>$2x - 7 = \sin(x_0) + \cos(x_0)(x-x_0) - \frac{1}{2}\sin(x_0)(x-x_0)^2$</td></tr><tr><td>Se m = 3</td><td>Então,</td><td>$2x - 7 = \sin(x_0) + \cos(x_0)(x-x_0) - \frac{1}{2}\sin(x_0)(x-x_0)^2 + \frac{1}{24}\sin(x_0)(x-x_0)^3$</td></tr></table>

4	Resolver as três equações apresentadas no passo 3 e comparar os respectivos resultados com valores de referência obtidos a partir do uso de uma plataforma computacional de apoio.

TREINAMENTO COMPUTACIONAL 2

```
> ########################
> ### Nome do arquivo: Exemplo 109.mw
> ########################
> restart;
> xmin := 2;
> xmax := 5;
> x0 := (xmax+xmin)*(1/2);
> ########################
> ### As três funções aproximadas para sin(x)
> ########################
> f1 := sin(x0)+cos(x0)*(x- x0);
> f2 := sin(x0)+cos(x0)*(x- x0)-(1/2)*sin(x0)*(x-
x0)^2;
> f3 := sin(x0)+cos(x0)*(x- x0)-(1/2)*sin(x0)*(x-
x0)^2-(1/6)*cos(x0)*(x- x0)^3;
> ########################
> ### Obter as raízes, resolvendo as três equações
aproximadas
> ########################
> solve({f1 = 2*x-7}, {x});
{x = 3.380542005}
```

```
> xm1 := 3.3805;
> solve({f2 = 2*x-7}, {x});
{x = 20.36090432}, {x = 3.381382400}
> xm2 := 3.3814;
> solve({f3 = 2*x-7}, {x});
{x = 3.381294739}, {x = 7.377667967}, {x = -
1.382719625}
> xm3 := 3.3813;
> ########################
> ### Obter a solução da equação transcendental
> ### com o recurso da plataforma computacional
> ### para servir de valor de referência
> ########################
> fsolve({sin(x) = 2*x-7}, {x});
{x = 3.381293824}
> ########################
> ### Valor de referência é xexato
> xexato := 3.3813;   ### aproximação em quarta
casa decimal
> ########################
```

Muitas vezes, os resultados fornecidos por métodos analíticos aproximados, como os obtidos no Exemplo 109, podem gerar resultados bem próximos do valor de referência, e satisfazer o nível de precisão exigido em um determinado problema, todavia, para verificar isso, é necessário mensurar a precisão do resultado obtido, estudando-se a sua incerteza. Nesse sentido, o Exemplo 110 mostra como podemos usar o erro relativo para desempenhar essa tarefa.

Exemplo 3

Discuta o erro relativo das funções aproximadas do exemplo anterior.

Vamos considerar como resultado de referência, o valor encontrado no Exemplo 109, $x_{REF} = 3.3813$, obtido por um método que não nos importa discutir no momento. Por isso, o uso de plataformas computacionais modernas pode auxiliar nessa tarefa, funcionando como uma calculadora para solução de equações matemáticas, servindo de apoio, para comparar os resultados obtidos nesta aplicação, e, assim, avaliarmos o método em estudo. A Tabela 1 mostra o valor da raiz, x_m, para cada valor de m, obtido no Exemplo 109, e o correspondente erro relativo.

Tabela 1

m	x_m	$\text{Erro}_{relativo} = \left\|\frac{x_{REF} - x_m}{x_{REF}}\right\| \times 100 \ (\%)$
1	3.3805	0.0236
2	3.3814	0.0029

| 3 | 3.3813 | ~ 0 |

Como é possível perceber analisando-se os resultados mostrados na Tabela 1, à medida que consideramos na aproximação mais termos da Séries de Newton-Taylor na Equação (6), página 16, o resultado vai se aproximando cada vez mais do valor considerado como referência, $x_{REF} = 3.3813$, o que sugere, que, para diversas aplicações de interesse, esse nível de precisão já é suficiente para conduzir a resultados satisfatórios. Os problemas que exigem mais precisão, entretanto, precisam ser investigados usando-se métodos numéricos para essa finalidade.

TREINAMENTO COMPUTACIONAL 3

```
> #######################
> ### Nome do arquivo: Exemplo 110.mw
> #######################
> restart;
> xm1 := 3.3805;
> xm2 := 3.3814;
> xm3 := 3.3813;
> xexato := 3.3813;
> #######################
```

```
> Erro := x-> 100*abs((xexato-x)/xexato);
> Erro(xm1);
                        0.02365953923
> Erro(xm2);
                        0.002957442404
> Erro(xm3);
    ~ 0.
```

Em seguida, vamos aplicar o MAANT para resolver duas outras equações transcendentais.

Exemplo 4

A equação transcendental
$$3x + 2 = 5\log(x) + 2x + 5, \tag{7}$$
possui uma raiz entre 0 e 1, como é possível verificar no gráfico mostrado na Figura 5. Escreva um algoritmo para encontrar a raiz algébrica aproximada para o problema, usando a aproximação para log(x) em termos da expansão em Série de Newton-Taylor, até quarta ordem, e expandida em torno de $x = x_0 = (x_{min} + x_{max})/2$. O problema da equação transcendental deverá recair sobre uma equação polinomial de quarto grau, que deverá ser resolvida utilizando o Método de Ferrari, como já discutido no Exemplo 79. Discuta também, a incerteza do resultado aproximado obtido. Responda: Há maneiras de aumentar a precisão do resultado? Discuta como.

Escreva um algoritmo para resolver este problema e use uma plataforma computacional para implementá-lo. Na plataforma computacional escolhida para o desenvolvimento do projeto, use o espaço de comentário, de forma criativa, incluindo o máximo de detalhes possíveis, para que, da próxima vez, que tiver que resolver algo semelhante, possa aproveitar essas informações para consulta, e, assim, obter novos resultados de forma cada vez mais rápida e eficiente.

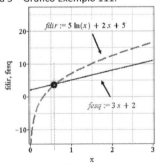

Figura 5 – Gráfico Exemplo 111.

Fonte: Própria (2022)

TREINAMENTO COMPUTACIONAL 4

```
> ######################
> ### Nome do arquivo: Exemplo 111.mw
> ######################
> restart;
> ### Escrever as equações do lado
esquerdo e direito
> ### da Equação (6.6).
> fesq := 3*x+2;
> fdir := 5*log(x)+2*x+5;
> ### Fazer o plot para verificar o
intervalo que contém a raiz
> plot([fesq, fdir], x = xmin .. xmax, axes =
boxed, axis = [gridlines = [10, color =
gray]], labels = ["x", " fdir, fesq "],
labeldirections = ["horizontal", "vertical"],
labelfont = ["TIMES", 16], tickmarks = [5,
5], font = ["TIMES", 14], color = [black,
red], style = [line, line], symbol = [point,
point], thickness = [2, 3], view = [xmin ..
xmax, -14 .. 27], linestyle = [1, 3])
> ### Gráfico mostrado na Figura 5.
> ######################
> ### Observando o gráfico podemos
concluir que existe, de fato, uma
> ### raiz entre 0 e 1.
> ######################
> ### Para obter a raiz algébrica do
problema vamos
> ### adotar a seguinte estratégia:
> ### Substituir a função log(x) na
> ### equação transcendental, pela função
aproximada, faprox, obtida a
> ### partir da expansão em Séries de
Newton-Taylor, expandida em torno
> ### de x = x0, até quarta ordem.
> ######################
> taylor(log(x), x = x0, 5)
```

```
> ######################
> ### As raízes da equação polinomial de
quarto grau
> ### podem ser encontradas usando-se o
Método de Ferrari
> ###  a·x^4 + b·x^3 + c·x^2 + d·x + e = 0
> ######################
> ### No Método de Ferrari precisamos
> ### encontrar as raízes de uma equação
> ### de terceiro grau, auxiliar, em alpha
>
```

$$solve\left(\left\{8\cdot\alpha^3 - 4\cdot p\cdot\alpha^2 - 8\cdot r\cdot\alpha + \left(4\cdot p\cdot r - q^2\right) = 0\right\}, \{\alpha\}\right)$$

```
> ### Qualquer uma das três raízes,
> ### soluções dessa equação, serve para
ser usada
> ### Escolhemos uma das três raízes
possíveis
>
```

$$\alpha := \frac{1}{12}\left(-288\,p\,r + 108\,q^2 + 8\,p^3\right.$$
$$+ 12\left(-768\,r^3 + 384\,r^2 p^2 - 48\,r\,p^4\right.$$
$$\left.\left.- 432\,p\,r\,q^2 + 81\,q^4 + 12\,q^2 p^3\right)^{1/2}\right)^{1/3}$$
$$-\left(3\left(-\frac{4}{3}\,r - \frac{1}{9}\,p^2\right)\right)\bigg/\left(-288\,p\,r + 108\right.$$
$$+ 12\left(-768\,r^3 + 384\,r^2 p^2 - 48\,r\,p^4\right.$$
$$\left.\left.- 432\,p\,r\,q^2 + 81\,q^4 + 12\,q^2 p^3\right)^{1/2}\right)^{1/3}$$
$$+ \frac{1}{6}\,p:$$

```
> ######################
```
$$> h := -\frac{b}{4\cdot a}:$$
$$> p := 6\cdot h^2 + \frac{3\cdot b}{a}\cdot h + \frac{c}{a}:$$
$$> q := 4\cdot h^3 + \frac{3\cdot b}{a}\cdot h^2 + \frac{2\cdot c}{a}\cdot h + \frac{d}{a}:$$
$$> r := h^4 + \frac{b}{a}\cdot h^3 + \frac{c}{a}\cdot h^2 + \frac{d}{a}\cdot h + \frac{e}{a}:$$
```
> ### Substituir os valores numéricos
> a := a4;
> b := b4;
> c := c4;
```

$$\ln(x0) + \frac{1}{x0}\,(x-x0) - \frac{1}{2\,x0^2}\,(x$$
$$-x0)^2 + \frac{1}{3\,x0^3}\,(x-x0)^3$$
$$-\frac{1}{4\,x0^4}\,(x-x0)^4 + \mathrm{O}\!\left((x-x0)^5\right)$$

```
> faprox := ln(x0)+(x-x0)/x0-(x-
x0)^2/(2*x0^2)+(x-x0)^3/(3*x0^3)-(x-
x0)^4/(4*x0^4);
> ######################
> ### Lembrando :
> ### x0 é o valor do chute inicial
> ######################
> ### Calculando o valor da constante x0
> ### De acordo com o gráfico
> ### Podemos escolher xmin e xmax
> xmin := 0 :
> xmax := 1 :
```
$$> x0 := \left(\frac{(xmax + xmin)}{2}\right):$$
```
> ### Reescrever a fdir como eq2aprox
> eq2aprox := 5*faprox+2*x+5;
> ######################
> ### O problema agora se reduz a
encontrar
> ### As raízes da equação polinomial de
quarto grau abaixo
> eq3 := fesq - eq2aprox
```
$$eq3 := x - 3 - 5\ln(x0) - \frac{5\,(x-x0)}{x0}$$
$$+ \frac{5}{2}\,\frac{(x-x0)^2}{x0^2} - \frac{5}{3}\,\frac{(x-x0)^3}{x0^3}$$
$$+ \frac{5}{4}\,\frac{(x-x0)^4}{x0^4}$$

```
> ### Expandir o resultado obtido para
eq3
> expand(eq3)
```

```
> d := d4;
> e := e4;
> ######################
>
```
$$y1 := evalf\left(-\frac{1}{2}\cdot sqrt(2\cdot\alpha - p) + \frac{1}{2}\right.$$
$$\left.\cdot sqrt\left(-2\cdot\alpha - p + \frac{2\cdot q}{sqrt(2\cdot\alpha - p)}\right)\right)$$
$$:$$

$$> d4 := factor\left(\frac{\left(x - \dfrac{20\,x}{x0}\right)}{x}\right):$$

$$> e4 := \left(\frac{89}{12} - 5\ln(x0)\right):$$
```
>
```
$$y2 := evalf\left(-\frac{1}{2}\cdot sqrt(2\cdot\alpha - p) - \frac{1}{2}\right.$$
$$\left.\cdot sqrt\left(-2\cdot\alpha - p + \frac{2\cdot q}{sqrt(2\cdot\alpha - p)}\right)\right)$$
$$:$$

```
>
```
$$y3 := evalf\left(\frac{1}{2}\cdot sqrt(2\cdot\alpha - p) + \frac{1}{2}\right.$$
$$\left.\cdot sqrt\left(-2\cdot\alpha - p - \frac{2\cdot q}{sqrt(2\cdot\alpha - p)}\right)\right)$$
$$:$$

```
>
```
$$y4 := evalf\left(\frac{1}{2}\cdot sqrt(2\cdot\alpha - p) - \frac{1}{2}\right.$$
$$\left.\cdot sqrt\left(-2\cdot\alpha - p - \frac{2\cdot q}{sqrt(2\cdot\alpha - p)}\right)\right)$$
$$:$$

```
> ######################
> ### Finalmente, as raízes fornecidas
pelo
> ### Método de Ferrari
> x1 := y1 + h
x1 := 0.4149316219+.7404049345*I
> x2 := y2 + h
x2 := 0.4149316219-.7404049345*I
> x3 := y3 + h
x3 := 1.215260377
> x4 := y4 + h
x4 := 0.6215430451
> ######################
> ### Conferindo com o resultado
> ### fornecido por algum procedimento
> ### numérico do Maple
```

$$x + \frac{89}{12} - 5\ln(x0) - \frac{20\,x}{x0} + \frac{15\,x^2}{x0^2}$$
$$- \frac{20}{3}\frac{x^3}{x0^3} + \frac{5}{4}\frac{x^4}{x0^4}$$

> ### Rearranjamos os termos de modo a escrever os coeficientes de
> ### uma equação de quarto grau

> $a4 := factor\left(\dfrac{\left(\frac{5}{4}\frac{x^4}{x0^4}\right)}{x^4}\right):$

> $b4 := factor\left(\dfrac{\left(-\frac{20}{3}\frac{x^3}{x0^3}\right)}{x^3}\right):$

> $c4 := factor\left(\dfrac{\left(\frac{15\,x^2}{x0^2}\right)}{x^2}\right):$

> ### considerado aqui, como valor de referência
> fsolve({eq1 = eq2}, {x})
> {x = 0.6214427771}
> ### Lembre-se que, somente é raiz do problema,
> ### aquela que se encontra dentro do intervalo
> ### procurado, xmin < x < xmax, isto é, 0 < x < 1
> ### Portanto, somente x4 = 0.6215430451, é a raiz da equação
> ### As demais, devem ser descartadas.
> ##########################

Exemplo 5

A equação transcendental
$$3x - 5 = \sqrt{x} \qquad (8)$$
possui uma raiz entre 1 e 3, como é possível verificar no gráfico da Figura 6. Escreva um algoritmo para encontrar a raiz algébrica aproximada para o problema, usando a aproximação para a raiz quadrada de x, em termos da expansão em Série de Newton-Taylor, de primeira ordem, e expandida em torno de x = x_0 = (x_{min} + x_{max})/2. Considerando que, a raiz exata[2], é x_{exato} = 2.156124982, mostre que, a raiz aproximada é dada por, x = 2.156516878, com erro relativo de 0.01817594079 %.

Figura 6 - Intersecção

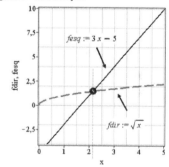

Fonte: Própria (2022)

Use os espaços de comentários da plataforma computacional utilizada, para escrever os detalhes do algoritmo do problema.

TREINAMENTO COMPUTACIONAL 5

> ##########################
> ### Nome do arquivo: Exemplo 112.mw

> theta := x - U;
> f1aprox;

---

[2] Entendemos por raiz exata aqui, o valor de referência encontrado.

```
> ### Data: 25/04/2022
> ######################
> restart;
> xmin := 0;
> xmax := 5;
> ### Resolvendo a equação transcendental
> fesq := 3*x-5:
> fdir := sqrt(x);
> plot([fesq, fdir], x = xmin .. xmax, axes = boxed, axis =
[gridlines = [10, color = gray]], labels = ["x", " fdir, fesq
"], labeldirections = ["horizontal", "vertical"], labelfont =
["TIMES", 16], tickmarks = [5, 5], font = ["TIMES", 14],
color = [black, red], style = [line, line], symbol = [point,
point], thickness = [2, 3], view = [xmin .. xmax, -4 .. 10],
linestyle = [1, 3])
> ######################
> taylor(sqrt(theta+x0), theta, 4);
```

$$\sqrt{U} + \frac{1}{2\sqrt{U}}\,\theta - \frac{1}{8\,U^{3/2}}\,\theta^2 + \frac{1}{16\,U^{5/2}}\,\theta^3 + O\!\left(\theta^4\right)$$

```
> f1aprox := 
```
$\sqrt{U} + \dfrac{1}{2\sqrt{U}}\,\theta :$

```
> f2aprox := 
```
$\sqrt{U} + \dfrac{1}{2\sqrt{U}}\,\theta - \dfrac{1}{8\,U^{3/2}}\,\theta^2 :$

```
> f3aprox := 
```
$\sqrt{U} + \dfrac{1}{2\sqrt{U}}\,\theta - \dfrac{1}{8\,U^{3/2}}\,\theta^2 + \dfrac{1}{16\,U^{5/2}}\,\theta^3 :$

```
> ######################
> f1aprox := 
```
$\sqrt{U} + \dfrac{1}{2}\,\dfrac{x-U}{\sqrt{U}} :$

```
> f2aprox
```
$$\sqrt{U} + \frac{1}{2}\,\frac{x-U}{\sqrt{U}} - \frac{1}{8}\,\frac{(x-U)^2}{U^{3/2}}$$

```
> f2aprox := 
```
$\sqrt{U} + \dfrac{1}{2}\,\dfrac{x-U}{\sqrt{U}} - \dfrac{1}{8}\,\dfrac{(x-U)^2}{U^{3/2}} :$

```
> f3aprox
```
$$\sqrt{U} + \frac{1}{2}\,\frac{x-U}{\sqrt{U}} - \frac{1}{8}\,\frac{(x-U)^2}{U^{3/2}} + \frac{1}{16}\,\frac{(x-U)^3}{U^{5/2}}$$

```
> f3aprox := 
```
$\sqrt{U} + \dfrac{1}{2}\,\dfrac{x-U}{\sqrt{U}} - \dfrac{1}{8}\,\dfrac{(x-U)^2}{U^{3/2}}$
$\quad + \dfrac{1}{16}\,\dfrac{(x-U)^3}{U^{5/2}} :$

$$\sqrt{U} + \frac{1}{2}\,\frac{x-U}{\sqrt{U}}$$

```
> ######################
> eq1 := 3*x-5;
> eq2 := sqrt(x);
> plot([eq1, eq2], x = 0 .. 5, axes = boxed, axis
= [gridlines = [10, color = gray]], labels = ["x",
" "], labeldirections = ["horizontal", "vertical"],
labelfont = ["TIMES", 16], tickmarks = [10,
10], font = ["TIMES", 14], color = [black, red],
style = [line, line], symbol = [point, point],
legend = ["eq1", "eq2"], linestyle = [dashdot,
solid]);
> ### Quem é U?
> ### Chutamos
> U := (xmax+xmin)*(1/2);
```
$$U := \frac{1}{2}\,xmax + \frac{1}{2}\,xmin$$

```
> ######################
> ### Analizando-se o grafico
> ### podemos chutar um intervalo
> ### xmin < x < xmax
> ######################
> xmin := 1;
> xmax := 3;
> ### Escrevendo a eq2aprox
> eq2aprox := f1aprox;
> ######################
> ### Resolvendo a equação
> evalf(solve({eq1 = eq2aprox}, {x}));
{x = 2.156516878}
> xaprox := 2.156516878;
> ### resolvendo a equação transcendental
> ### com algum método interno do Maple
> evalf(solve({eq1 = eq2}, {x}));
{x = 2.156124982}
> x0 := 2.156124982;
> Erro[relativo] := 100*evalf(abs((x0-
xaprox)/x0));
0.01817594079
```

Método Analítico Aproximado Simplificado

Nesta seção, vamos discutir sobre o Método Analítico Aproximado Simplificado (MAAS), cuja definição é apresentada a seguir.

Definição 1

Chamamos Método Analítico Aproximado Simplificado (MAAS) a técnica na qual substituímos na função real, $f(x)$, a variável real, x, por,

$$x = \begin{cases} \theta + U, & se\ (x-U) > 0 \\ -\theta + U, & se\ (x-U) < 0 \end{cases} \tag{9}$$

para escrever uma expressão aproximada em termos de θ, para a função $f(\theta)^3$. Na Eq. (6.8), θ é uma variável real, de valor muito pequeno, U é um valor definido por

$$U = m/j, \tag{10}$$

sendo j um valor inteiro muito grande, e

$$m = inteiro\{jx\}. \tag{11}$$

o valor inteiro mais próximo que se obtém a partir do produto.

O MAAS pode ser bem sucedidamente empregado em diversas tarefas, entre elas, para resolver de forma aproximada equações polinomiais e/ou transcendentais, para escrever aproximações para funções transcendentais, para resolver equações diferenciais, ou para resolver integrais, entre outras coisas, desde que, estabelecidas adequadamente as condições de validade das constantes utilizadas na aproximação.

Usando MAAS para resolver equações polinomiais

Visto que, a solução de equações polinomiais, como apresentado no Capítulo 5, torna-se cada vez mais difícil, à medida que o grau da equação polinomial cresce, o MAAS torna-se uma ferramenta muito útil para se obter soluções analíticas aproximadas, para diversos tipos de problemas, e um algoritmo pode ser construído com o propósito de aproveitar o máximo possível dos recursos oferecidos quando se usa a Definição 1. O Algoritmo 4 descreve o passo a passo, para obtenção das raízes de uma equação polinomial, usando-se o MAAS.

Algoritmo 4

Passo	Descrição
1 - 4	Implementar Algoritmo 1.
5	Buscar o valor de referência numa calculadora de raízes de equações matemáticas, num sistema computacional moderno de sua preferência.
6	Aplicar a Definição 1 e substituir, $x = \theta + U$, na função, f(x), de modo a escrever, uma outra função que vamos chamar de função aproximada em θ, $$f_{aprox}(\theta) = 0,$$ com U dado pela relação, $U = m/j$, e $m = inteiro\{jx_0\}$, um valor inteiro mais próximo do produto, jx_0, sendo, j, também, um número inteiro. Escolher um valor alto para j, exemplo, j = 500000.
7	Na função aproximada, $f_{aprox}(\theta)$, obtida no Passo 6, descartar todos os termos de potência em θ superior a ordem escolhida, por exemplo, grau um, e somente considerar as constantes e os termos em θ.
8	Resolver a equação simplificada em θ.
9	Calcular o valor aproximado da raiz, x_1, a partir da Eq. (9) $$x_1 = \theta + U$$
10	Comparar o valor de x_1 obtido no passo 9, com o valor de referência, obtido no passo 5, calculando o erro relativo da aproximação, e avaliando o resultado, de acordo com o seu conhecimento do problema.

---

[3] Na prática, quando utilizamos esse recurso para calcular equações polinomiais ou transcendentais, basta trabalhar com uma das opções, $(x - U) > 0$ ou $(x - U) < 0$, e depois, simplesmente, retornar para o resultado em x.

Para ilustrar melhor como o MAAS funciona, vejamos os problemas apresentados a seguir.

Exemplo 6

Considere a função polinomial de quarto grau, dada por:
$$f(x) = 3x^4 - 15x^3 - 13x^2 - 37x + 42.$$
(a) Construa um gráfico da função, $f(x)$, no intervalo, $-3 \leq x \leq 7$, numa plataforma computacional, e usando o Método Gráfico, encontre os intervalos, $x_{min} \leq x \leq x_{max}$, que contém as raízes reais dessa equação. Considere apenas as raízes reais.

(b) Usando um resolvedor numérico de equações da plataforma computacional disponível, encontre as raízes da equação, $f(x) = 0$, e use esses valores como referência para avaliar os resultados algébricos aproximados obtidos.

TREINAMENTO COMPUTACIONAL 6

```
> #######################
> ### Nome do arquivo: Exemplo 113.mw
> ### Data: 25/04/2022
> #######################
> restart;
> y := 3*x^4-15*x^3-13*x^2-37*x+42;
> plot(y, x = -3 .. 7, axes = normal, axis = [gridlines
= [10, color = gray]], labels = ["x", "y"],
labeldirections = ["horizontal", "vertical"], labelfont
= ["TIMES", 14], tickmarks = [5, 10], font =
["TIMES", 13], color = [blue, black]);
> ### A partir do gráfico mostrado na Figura 7,
podemos escolher
> ### dois possíveis intervalos :
> ### Intervalo I :    xmin = 0  e xmax = 1.5
> ### Intervalo II :    xmin = 5  e xmax = 7
> evalf(solve({y = 0}, {x}));
{x = 6.}, {x = 0.7701137247}, {x = -0.8850568623
+ 1.498842850 I},
{x = -0.8850568623 - 1.498842850 I}
> ### Os valores de referência encontrado para as
raízes são :
```

```
> ### xREFI = 0.7701137247
> ### xREFII = 6
> ### Desprezamos os valores complexos obtidos
```

Figura 7 – Gráfico Exemplo 113.

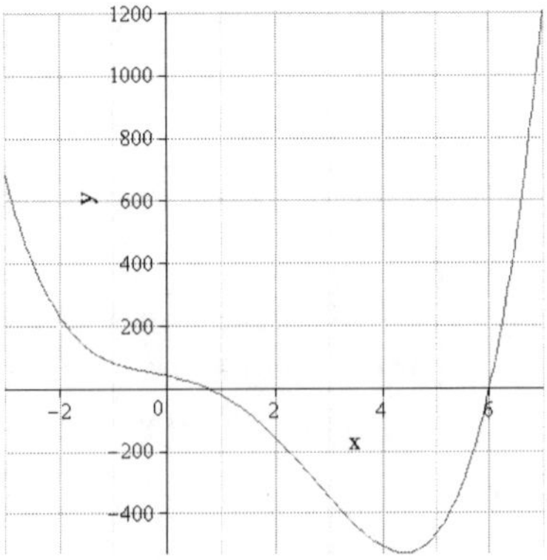

Fonte: Própria (2022)

Exemplo 7

Aplique o Método Analítico Aproximado Simplificado (MAAS) no polinômio,
$$f(x) = 3x^4 - 15x^3 - 13x^2 - 37x + 42,$$
e encontre as raízes, x, reais do problema.

TREINAMENTO COMPUTACIONAL 7

```
> #######################
> ### Nome do arquivo: Exemplo 114.mw
> ### Data: 25/04/2022
> #######################
```

$$> x := \frac{-13\,U^2 - 30\,U^3 + 9\,U^4 - 42}{-45\,U^2 + 12\,U^3 - 26\,U - 37} :$$
> ### Encontrando a raiz no intervalo I

25

```
> restart;
> y := 3·x^4 − 15·x^3 − 13·x^2 − 37·x + 42 :
> x := theta + U :
> expand(y)
```
$3\theta^4 + 12\theta^3 U + 18\theta^2 U^2 + 12\theta U^3 + 3 U^4$
$- 15\theta^3 - 45\theta^2 U - 45\theta U^2 - 15 U^3$
$- 13\theta^2 - 26\theta U - 13 U^2 - 37\theta - 37 U$
$+ 42$

```
> ### somente considerar em y os termos em theta de grau um e constantes
>
  y := 12 θ U^3 + 3 U^4 − 45 θ U^2 − 15 U^3 − 26 θ U
       − 13 U^2 − 37 θ − 37 U + 42 :
> h := solve({y = 0}, {theta})
```
$h := \left\{\theta = -\dfrac{42 + 3 U^4 - 15 U^3 - 13 U^2 - 37 U}{-45 U^2 + 12 U^3 - 37 - 26 U}\right\}$

```
> assign(h)
> theta
```
$-\dfrac{42 + 3 U^4 - 15 U^3 - 13 U^2 - 37 U}{-45 U^2 + 12 U^3 - 37 - 26 U}$

```
> factor(x)
```
$\dfrac{-42 + 9 U^4 - 30 U^3 - 13 U^2}{-45 U^2 + 12 U^3 - 37 - 26 U}$

```
> j := 500 :
> xmin := 0 :
> xmax := 1.5 :
> x0 := (xmin + xmax)/2 :
> m := round(j·x0) :
> U := m/j :
> evalf(x)
0.7703074104
> ### Encontrando a raiz no intervalo II
> restart
> x := (−13 U^2 − 30 U^3 + 9 U^4 − 42)/(−45 U^2 + 12 U^3 − 26 U − 37) :
> ### Constantes do Método
> j := 500 :
> xmin := 5 :
> xmax := 7 :
> x0 := (xmin + xmax)/2 :
> m := round(j·x0) :
> U := m/j :
> evalf(x)
6.
```

Exemplo 8

Para o caso do Exemplo 114, qual o papel do inteiro, j, nos resultados?

Podemos responder esta questão, fazendo-se um gráfico da solução, x, em função de j, e analisar esse resultado, concluindo, que, quanto maior j, mais preciso é o resultado.

TREINAMENTO COMPUTACIONAL 8

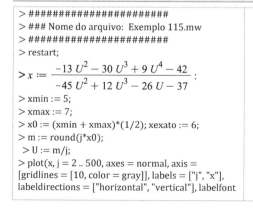

Figura 8 – Gráfico de x × j.

Fonte: Própria (2022)

= ["TIMES", 14], tickmarks = [5, 10], font = ["TIMES", 13], color = [blue, black]);	

Analisando-se a Figura 8, conclui-se que a solução converge para o valor, x = 6, à medida que j aumenta cada vez mais.

MAAS de Precisão Aumentada (MAAS-PA)

Basicamente, para a aplicação completa dos recursos disponibilizados pelo MAAS, Definição 1, página 22, para o cálculo de raízes de equações transcendentais, cálculo de integrais, equações diferenciais, etc., o método deve ser composto de três partes, como apresentado no Algoritmo 5, que pode ser chamado de forma sintetizada, de MAAS-PA, Método Analítico Aproximado Simplificado de Precisão-Aumentada. Note que, caso haja termos de funções transcendentais na equação que se quer resolver, pode-se substituir esses termos por aproximações polinomiais obtidas a partir das Séries de Newton-Taylor da função, expandidas, até primeira ordem, ou qualquer outra ordem que se deseje, em torno de um ponto, $x = U$. As equações a serem resolvidas a partir desse método devem ser reduzidas a equações de primeiro grau em θ, ou a ordem que desejar. O Algoritmo 5 descreve o passo a passo para se encontrar as raízes analíticas aproximadas simplificadas de equações transcendentais e polinomiais, usando MAAS. Vale mencionar que, como um recurso adicional para aumentar a precisão dos resultados obtidos pela aplicação do MAAS, podemos repetir o passo 9 do Algoritmo 5, e considerar uma modificação no parâmetro, m, no passo 13, que passa a valer,

$$m = inteiro\{jx_1\}.$$

Resolvendo-se novamente a equação aproximada simplificada em θ, obtida no passo 8 do Algoritmo 5, agora com o novo valor de m, podemos obter a raiz aproximada simplificada de precisão aumentada, x_2.

Algoritmo 5

Passo	Descrição
	PRIMEIRA PARTE
1 - 4	Implementar Algoritmo Algoritmo 1, e encontrar x_0, o chute inicial.
5	Buscar um valor de referência usando um sistema computacional moderno de sua preferência, e chamar esse resultado de x_{REF}.
	SEGUNDA PARTE
6	Na equação original, $$f(x) = 0,$$ que se quer resolver, substituir os termos de função transcendental, tal como, $\sin(x)$, $\log(x)$, $\exp(x)$, etc., por uma função polinomial aproximada, obtida a partir da Série de Newton-Taylor da função transcendental, expandida em torno de $x = U$, até primeira ordem, ou a ordem que preferir, de maneira a se obter uma função aproximada, $f_{aprox}(x)$, para $f(x)$, tal que, $$f(x) \cong f_{aprox}(x).$$
7	Aplicar a Definição 1, substituindo, $x = \theta + U$, na função, $f_{aprox}(x)$, de modo a escrever uma função que vamos chamar de função aproximada em θ, $f_{aprox}(\theta)$.

8	Na função aproximada em θ, $f_{aprox}(\theta)$, obtida no Passo 7, descartar todos os termos de potência em θ superior a ordem escolhida, de modo a escrever a função aproximada e simplificada, em θ, $$f_{aprox,simplificada}(\theta) = f_{aprox,s}(\theta).$$ Procedimento análogo deve ser realizado para cada intervalo, $x_{min} \leq x_{0,k} \leq x_{max}$, que contenha uma raiz real da função, $x_{0,k}$, com k, um valor inteiro que representa a k-ésima raiz da equação[4].
9	Neste ponto, considerar U como dado pela Definição 1, $U = m/j$, e $$m = inteiro\{jx_0\}$$ com $j \in \mathbb{N}$, e x_0, obtido a partir da Equação (3). Escolher um valor alto para j, Ex.: j = 500000.
10	Resolver a equação aproximada simplificada em θ, $f_{aprox,s}(\theta) = 0$, para obter uma expressão matemática para θ, em função dos parâmetros do problema.
11	Calcular x_1, a raiz aproximada simplificada obtida a partir da aplicação do MAAS, que recebe esse nome para se distinguir do chute inicial, x_0, partindo da Eq. (9), e do resultado encontrado para θ no passo 10, tal que, $$x_1 = \theta + U.$$
12	Comparar o valor de x_1 obtido no passo 11, com o valor de referência, obtido no passo 5, calculando o erro relativo da aproximação, e avaliando o resultado, de acordo com o seu conhecimento do problema.
	TERCEIRA PARTE
13	Considerar $U = m/j$, e $$m = inteiro\{jx_1\}.$$
14	Resolver a nova equação aproximada simplificada de precisão aumentada, $$f_{aprox,s,PA}(\theta) = 0$$ para obter, x_2, a raiz aproximada fornecida pela aplicação do MAAS de Precisão Aumentada (MAAS-PA). Nesta etapa, uma expressão analítica pode ser obtida para a raiz procurada do problema, x_2.
15	Comparar o valor obtido no Passo 14, x_2, com o valor de referência, x_{REF}, calculando o erro relativo da aproximação, e avaliar a incerteza obtida dentro do seu conhecimento sobre o assunto.

Para compreender melhor como podemos usar o Método Analítico Aproximado Simplificado de Precisão-Aumentada (MAAS-PA), Algoritmo 5, para resolver problemas diversos, vejamos os exemplos apresentados a seguir.

Exemplo 9

Voltando ao problema do Exemplo 108, mostrar que a aplicação do MAAS-PA na equação, $2x - 7 = sin(x)$, diminui o erro relativo do resultado encontrado, comparado àquele obtido no Exemplo 108.

---

[4] Observe que, somente consideramos como resultados das equações encontradas, os valores de x obtidos, que recaem dentro do intervalo escolhido, $x_{min} \leq x \leq x_{max}$, para cada raiz, e descartamos quaisquer outros resultados, que não satisfazem essa condição.

TREINAMENTO COMPUTACIONAL 9

```
> ########################
> ### Nome do arquivo: Exemplo 116.mw
> ########################
> restart;
> ########################
> ### PRIMEIRO PASSO:
> ### Plotar a curva do lado direito e o lado
esquerdo
> ### da equação que se quer resolver, no mesmo
gráfico
> xmin := 0;
> xmax := 7;
> fesq := 2*x-7;
> fdir := sin(x);
> plot([fesq, fdir], x = xmin .. xmax, axes = boxed,
axis = [gridlines = [10, color = gray]], labels = ["x",
" fdir, fesq "], labeldirections = ["horizontal",
"vertical"], labelfont = ["TIMES", 16], tickmarks =
[10, 10], font = ["TIMES", 14], color = [black, red],
style = [line, line], symbol = [point, point],
thickness = [2, 3], view = [xmin .. xmax, -7 .. 7],
linestyle = [1, 3])
> ########################
> ### SEGUNDO PASSO:
> ### Fazendo-se uma análise visual do gráfico
> ### Chutar um intervalo que contenha a
> ### raiz procurada
> xmin := 2.0;
> xmax := 5.0;
> ########################
> ### TERCEIRO PASSO
> ### Testar a Condição 6.1 e 6.2
> ### Condição 6.1
> ### f(x) = 2x - 7 - sin(x) é continua no intervalo
> ### e assume valores de sinais opostos no
intervalo
> ### 2.0 < x < 5.0
> f := → 2*x-7-sin(x);
> evalf(f(2));
-3.909297427
> evalf(f(5));
3.958924275
> ### Condição 6.2
> ### Se f '(x), preservar o sinal dentro do
intervalo
> ### podemos garantir que a raiz, x,
> ### será única, nesse intervalo.
> df := 2 - cos(x);
> plot(df, x = xmin .. xmax, axes = boxed, axis =
[gridlines = [10, color = gray]], labels = ["x", " f ' (x)
"], labeldirections = ["horizontal", "vertical"],
```

```
> ### num sistema computacional moderno
> ### de sua preferência
> fsolve({sin(x) = 2*x-7}, {x});
{x = 3.381293824}
> xREF := 3.3813;
> ########################
> ### SEXTO-OITAVO PASSO:
> ### Aplicação do MAAS
> ### para encontrar a raiz aproximada x1
> fsin1 := sin(x0)+cos(x0)*(x-x0);
> solve({fsin1 = 2*x-7}, {x});
{x = 3.380542005}
> x1 := 3.380542005;
> Erro := 100*abs((xREF-x1)/xREF); evalf(Erro);
0.02241726555
> ########################
> ### NONO PASSO:
> ### Aplicação do MAAS-PA
> m := j → round(j*x1)
> U := → evalf(U(j));
> ### Chamando :
> S := → cos(U(j))
> T := → sin(U(j))
> fsin2 := → S(j)*x+T(j)-S(j)*U(j)
> ########################
> ### Escrever e resolver a função aproximada
> fesq := 2*x-7.0;
> fdiraprox := → faprox2(j);
> faproxPA := fesq – fdiraprox;
> ########################
> ### DÉCIMO PASSO
> ### Obter, x2, a raiz aproximada de precisão
aumentada
> solve({fesq = fdiraprox(j)}, {x});
> ########################
> x2 := → (S(j)*U(j)-7-T(j))/(S(j)-2.0);
> ### Verificar os resultados obtidos em função do
inteiro, j:
> evalf(x(100));
3.381293756
> evalf(x(5000));
3.381293802
> evalf(x(50000000));
3.381293798
> ########################
> ### DÉCIMO PRIMEIRO PASSO
> ### Estudar o erro relativo da aproximação
MAAS-PA
> ########################
> Erro := → 100*abs((xREF-x(j))/xREF);
> evalf(Erro(100));
0.00018466
```

labelfont = ["TIMES", 16], tickmarks = [6, 6], font = ["TIMES", 14]);
> ### Conclusão: preservou o sinal da derivada e inverteu
> ### o valor das funções no intervalo - logo
> ### o intervalo escolhido, satisfaz as Cond. 6.1 e 6.2
> #######################
> ### QUARTO PASSO:
> ### Encontrar a raiz x0 fornecida pelo método
> ### gráfico
> x0 := (xmax+xmin)*(1/2); evalf(x0);
3.500000000

Figura 9 – Verificação da Condição 6.2.

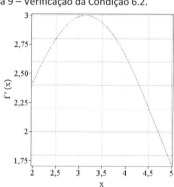

Fonte: Própria (2022)
> #######################
> ### QUINTO PASSO:
> ### Busca do valor de referência
> ### numa calculadora de equações matemáticas

> evalf(Erro(5000));
0.00018330
> evalf(Erro(500000000));
0.00018341
> #######################
> x2 := 3.3813;
> #######################
> plot(Erro(j), j = 100 .. 5000, axes = boxed, axis = [gridlines = [10, color = gray]], labels = ["j", " Erro relativo (%) "], labeldirections = ["horizontal", "vertical"], labelfont = ["TIMES", 16], tickmarks = [6, 6], font = ["TIMES", 14]);

Figura 10 – Erro relativo

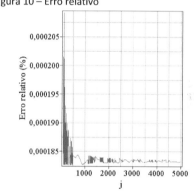

Fonte: Própria (2022)
> #######################

Diminuindo o intervalo, xmin < x < xmax, o método tem potencial para fornecer resultados cada vez mais preciso.

Exemplo 10

Aplique o MAAS-PA na equação transcendental,
$$f(x) = 2x - 5 - \log(x)$$
e encontre as raízes, x, reais do problema. Estude o papel do inteiro, j, na aproximação e estude a incerteza dos resultados.

TREINAMENTO COMPUTACIONAL 10

> #######################
> ### Nome do arquivo: Exemplo 117.mw
> #######################
> restart;
> ### Seja a equação: 2 x - 5 = log (x)
> ###
> #######################
> ### Passo 1

> #######################
> ### Escrever a função à direita aproximada de Newton-Taylor
> ### de primeiro grau, desprezando os termos em theta de ordem superior ou igual a 2

```
> ###  Definir as funções de x à esquerda
> ###  e à direita da equação transcendental
> ###  que se quer resolver
> #########################
> f[esq] := 2*x-5;
> f[dir] := log(x);
> #########################
> ###  Fazer um gráfico para obter xmin e xmax
> plot([f[esq], f[dir]], x = 1 .. 5, axes = boxed, axis = [gridlines = [10, color = gray]], labels = ["x", ""], labeldirections = ["horizontal", "vertical"], labelfont = ["TIMES", 14], tickmarks = [5, 10], font = ["TIMES", 13], color = [blue, black])
```
Figura 11 - Intersecção

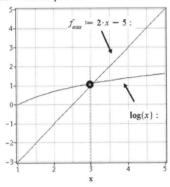

Fonte: Própria (2022)

```
> ###  Escolher xmin e xmax a partir do grafico[5]
> xmin := 2.75;
> xmax := 3.25;
> #########################
> ### PASSO 2
> ### Obter resultado de Referência, oferecido por
> ###  algum método numérico da plataforma computacional
> ###  utilizada
> evalf(solve({f[esq] = f[dir]}, {x}));
    {x = 0.6830627435e-2}, {x = 3.059052636}
> ###  Lembrando, que somente é solução do problema
> ###  os valores encontrados dentro do intervalo escolhido: xmin<x<xmax
> ###  Portanto, neste caso, somente é solução,
> xREF := 3.059052636;
> #########################
> ### PASSO 3
```

```
> f_{dir_{aprox}} := ln(θ0 + U) + 1/(θ0 + U) (θ − θ0) :
```
$$f_{dir_{aprox}} := \ln(\theta 0 + U) + \frac{1}{\theta 0 + U}(\theta - \theta 0) :$$

```
> #########################
> ### PASSO 5
> ###  Esse passo consiste em escrever a equação transcendental
> eq := f_{esq} − f_{dir_{aprox}} ;
```
$$eq := 2\theta + 2U - 5 - \ln(\theta 0 + U) - \frac{\theta - \theta 0}{\theta 0 + U}$$

```
> #########################
> ### PASSO 6
> ### Isolar theta
> h := solve({eq = 0}, {theta})
```
$$h := \left\{ \theta = \frac{1}{2\theta 0 + 2U - 1} \left(4\theta 0 + 5U - 2U\theta 0 - 2U^2 + \ln(\theta 0 + U)\theta 0 + \ln(\theta 0 + U)U \right) \right\}$$

```
> assign(h)
> ### fazer a atribuição do valor de theta no programa
> #########################
> ### PASSO 7
> ### Obter o valor x
> x := 'x';
> x := theta + U;
```
$$x := \frac{1}{2\theta 0 + 2U - 1} \left(4\theta 0 + 5U - 2U\theta 0 - 2U^2 + \ln(\theta 0 + U)\theta 0 + \ln(\theta 0 + U)U \right) + U$$

```
> #########################
> ### A resposta é:
> xaprox := evalf(x);
```
$$xaprox := \frac{1}{2.\theta 0 + 2.U - 1.} \left(4.\theta 0 + 5.U - 2.U\theta 0 - 2.U^2 + \ln(\theta 0 + U)\theta 0 + \ln(\theta 0 + U)U \right) + U$$

```
> #########################
> ### Constantes do Método
```

---

[5] Alternativamente, pode-se escolher um intervalo maior, por exemplo, xmin = 1 e xmax = 5, e implementar, primeiramente, o Método Analítico Aproximado de Newton-Taylor, para se encontrar x_1, e somente a partir disso, considerar os passos que definem a precisão aumentada..

```
> ### Fazer uma mudança de variável
> ### escrevendo
> ### x = theta + U, tal que:
> x := theta + U;
> ### onde theta é um número muito pequeno
> ### e substituímos x na equação transcendental
> #######################
> f[esq] := 2*x-5
```
$$f_{esq} := 2\theta + 2U - 5$$
```
> f[dir] := ln(theta + U)
```
$$f_{dir} := \ln(\theta + U)$$
```
> #######################
> f[esq] := 2*theta+2*U - 5;
> f[dir] := ln(theta + U);
> #######################
> ### PASSO 4
> ### Encontrar a expansão em série de Newton-Taylor da função transcendental presente nesta equação. No caso, a função logarítmica, log(theta + U)
> ### e expandi-la em torno de x0
> #######################
> taylor(f[dir], theta = theta0, 3);
```
$$\ln(\theta 0 + U) + \frac{1}{\theta 0 + U}(\theta - \theta 0)$$
$$- \frac{1}{2(\theta 0 + U)^2}(\theta - \theta 0)^2 + O((\theta - \theta 0)^3)$$
```
> ### Encontrar a incerteza associada ao valor aproximado obtido
> ### por esse método
```

```
> x0 := (xmin + xmax)/2 :
> m := round(j*x0);
> U := m/j;
> theta0 := x0 - U;
> #######################
> ### ULTIMO PASSO
> Erro_relativo := abs(xREF - xaprox)/xREF · 100 :
> ## Que corresponde a uma incerteza de 0.003 %
> ## Com uma aproximação de Newton-Taylor de primeira ordem.
> #######################
```

Figura 12 – Erro relativo

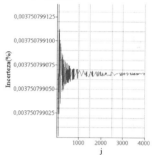

Fonte: Própria (2022)

```
> plot(Erro[relativo], j = 50 .. 5000, axes = normal, axis = [gridlines = [10, color = gray]], labels = ["j", "Incerteza(%)"], labeldirections = ["horizontal", "vertical"], labelfont = ["TIMES", 14], tickmarks = [5, 10], font = ["TIMES", 13], color = [blue, black])
```

Exemplo 11

Considere o polinômio de sexto grau abaixo:
$$f(x) = x^6 - 9x^5 - 128x^4 + 582x^3 + 5401x^2 + 291x - 24570$$
que tem o gráfico da função mostrado na Figura 13. Analisando-se esse gráfico pode-se perceber seis raízes reais, cujos intervalos, encontram-se listados na Tabela 2. Encontre as raízes, x, reais do problema, usando o MAAS-PA.

Tabela 2

Intervalo	x_{min}	x_{max}
1	-7.5	-6.5
2	-6.0	-4.0
3	-3.5	-2.5
4	-1.5	-2.5
5	-8.5	-9.5
6	-12.5	-13.5

Figura 13 Gráfico do Exemplo 118.

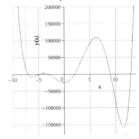

Fonte: Própria (2022)

TREINAMENTO COMPUTACIONAL 11

```
> #######################
> ### Nome do arquivo: Exemplo 118.mw
> #######################
> restart;
> y := x^6 − 9 x^5 − 128 x^4 + 582 x^3 + 5401 x^2
      + 291 x − 24570 :
> with(plots);
> plot(y, x = -10 .. 14, axes = normal, axis =
[gridlines = [10, color = gray]], labels = ["x",
"y(x)"], labeldirections = ["horizontal", "vertical"],
labelfont = ["TIMES", 14], tickmarks = [5, 10], font
= ["TIMES", 13], color = [blue, black], view = [-10 ..
14, -180000 .. 200000]);
> #####################
> ### PASSO 1
> ### Escolha dos intervalos a partir da
> ### analise no grafico
> ### Intervalo 1: xmin:=-7.5: xmax:=-6:
> ### Intervalo 2: xmin := −6: xmax := −4:
> ### Intervalo 3: xmin := −4: xmax:=-2.5:
> ### Intervalo 4: xmin :=0: xmax:=2.5:
> ### Intervalo 5: xmin :=7.5: xmax:=10:
> ### Intervalo 6: xmin :=12.5: xmax:=14:
> #####################
> ### PASSO 2
> ### Encontrar os valores de referencia
> solve({y = 0}, {x})
  {x = 2}, {x = 9}, {x = −7}, {x = −5}, {x
    = 13}, {x = −3}

> #####################
> ### PASSO 3
> ### Fazer uma mudança de variável
> ### escrevendo
> ### x = theta + U, tal que:
```

```
> #######################
> ### PASSO 6
> ### Obter o valor xaprox e a incerteza
       associada em cada intervalo
> j := 50 :
> ### Intervalo 1:
> xmin := -7.5 :  xmax := -6.5 :
> x0 := (xmin + xmax) / 2 :
> m := round(j·x0) :
> U := m/j :
> xaprox := evalf( −(−24570 + 582 U^3
      + 291 U − 9 U^5 + 5401 U^2 − 128 U^4
      + U^6) / (291 + 10802 U + 1746 U^2
      − 512 U^3 − 45 U^4 + 6 U^5) + U)
  xaprox := −7.
> xREF := −7 :
> Erro_{relativo} := abs(xREF − xaprox) / xREF · 100
  Erro_{relativo} := −0.
> #######################
> ### Intervalo 2:
> xmin := −6 : xmax := −4 :
> x0 := (xmin + xmax) / 2 :
> m := round(j·x0) :
> U := m/j :
```

```maple
> x := theta + U :
> ### onde theta é um número muito pequeno
> ### e substituimos x na equação
    transcendental
> ########################
> y
```
$$(\theta + U)^6 - 9\,(\theta + U)^5 - 128\,(\theta + U)^4 + 582\,(\theta + U)^3 + 5401\,(\theta + U)^2 + 291\,\theta + 291\,U - 24570$$

```maple
> expand(y)
```
$$-24570 - 128\,\theta^4 + 291\,\theta + 5401\,\theta^2 + 291\,U - 90\,\theta^3 U^2 - 90\,\theta^2 U^3 - 45\,\theta\,U^4 + 6\,\theta^5 U + 15\,\theta^4 U^2 + 20\,\theta^3 U^3 + 15\,\theta^2 U^4 + 6\,\theta\,U^5 + 10802\,\theta\,U + 5401\,U^2 + 1746\,\theta^2 U + 1746\,\theta\,U^2 - 512\,\theta^3 U - 768\,\theta^2 U^2 - 512\,\theta\,U^3 + 582\,\theta^3 + 582\,U^3 - 128\,U^4 - 9\,\theta^5 - 9\,U^5 + \theta^6 + U^6 - 45\,\theta^4 U$$

```maple
>
```
$$y := -24570 + 291\,U + 10802\,\theta\,U + 5401\,U^2 + 1746\,\theta^2 U + 1746\,\theta\,U^2 - 512\,\theta^3 U - 768\,\theta^2 U^2 - 512\,\theta\,U^3 - 90\,\theta^3 U^2 - 90\,\theta^2 U^3 - 45\,\theta\,U^4 + 6\,\theta^5 U + 15\,\theta^4 U^2 + 20\,\theta^3 U^3 + 15\,\theta^2 U^4 + 6\,\theta\,U^5 + 582\,\theta^3 + 582\,U^3 - 128\,U^4 - 9\,\theta^5 - 9\,U^5 + \theta^6 + U^6 - 45\,\theta^4 U + 291\,\theta + 5401\,\theta^2 - 128\,\theta^4 :$$

```maple
> ########################
> ### PASSO 4
> ### Considerar em y apenas as constantes e
    termos em theta de grau um
> ########################
```

```maple
> xaprox := evalf(-(-24570 + 582\,U^3
    + 291\,U - 9\,U^5 + 5401\,U^2 - 128\,U^4
    + U^6)/(291 + 10802\,U + 1746\,U^2
    - 512\,U^3 - 45\,U^4 + 6\,U^5) + U)
```
$$xaprox := -5.$$

```maple
> xREF := -5 :
> Erro_{relativo} := \frac{abs(xREF - xaprox)}{xREF}\cdot 100
```
$$Erro_{relativo} := -0.$$

```maple
> ########################
> ### Intervalo 3:
> xmin := -3.5 : xmax := -2.5 :
> x0 := \frac{(xmin + xmax)}{2} :
> m := round(j\cdot x0) :
> U := \frac{m}{j} :
> xaprox := evalf(-(-24570 + 582\,U^3
    + 291\,U - 9\,U^5 + 5401\,U^2 - 128\,U^4
    + U^6)/(291 + 10802\,U + 1746\,U^2
    - 512\,U^3 - 45\,U^4 + 6\,U^5) + U)
```
$$xaprox := -3.$$

```maple
> xREF := -3 :
> Erro_{relativo} := \frac{abs(xREF - xaprox)}{xREF}\cdot 100
```
$$Erro_{relativo} := -0.$$

```maple
> ########################
> ### Intervalo 4:
> xmin := 1.5 : xmax := 2.5 :
> x0 := \frac{(xmin + xmax)}{2} :
> m := round(j\cdot x0) :
> U := \frac{m}{j} :
> xaprox := evalf(-(-24570 + 582\,U^3
    + 291\,U - 9\,U^5 + 5401\,U^2 - 128\,U^4
    + U^6)/(291 + 10802\,U + 1746\,U^2
    - 512\,U^3 - 45\,U^4 + 6\,U^5) + U)
```
$$xaprox := 2.$$

```maple
> xREF := 2 :
> Erro_{relativo} := \frac{abs(xREF - xaprox)}{xREF}\cdot 100
```
$$Erro_{relativo} := 0.$$

```maple
> ########################
> ### Intervalo 5:
> xmin := 8.5 : xmax := 9.5 :
```

```
> y := -24570 + 291 θ + 291 U
    + 10802 θ U + 5401 U² + 1746 θ U²
    - 512 θ U³ - 45 θ U⁴ + 6 θ U⁵
    + 582 U³ - 128 U⁴ - 9 U⁵ + U⁶ :
> ########################
> ### PASSO 5
> ### Isolar theta e obter x
> h := solve( { y = 0 }, { theta } )
h := { θ = -( -24570 + 582 U³ + 291 U
    - 9 U⁵ + 5401 U² - 128 U⁴ + U⁶ ) /
    ( 291 + 10802 U + 1746 U² - 512 U³
    - 45 U⁴ + 6 U⁵ ) }

> assign( h ) :
    # fazer a atribuição do valor de theta
    no programa
> x :='x': # limpar a variável x
> x := theta + U :
> xaprox := x
xaprox := -( -24570 + 582 U³ + 291 U
    - 9 U⁵ + 5401 U² - 128 U⁴ + U⁶ ) /
    ( 291 + 10802 U + 1746 U² - 512 U³
    - 45 U⁴ + 6 U⁵ ) + U
> xaprox :=-( -24570 + 582 U³ + 291 U
    - 9 U⁵ + 5401 U² - 128 U⁴ + U⁶ ) /
    ( 291 + 10802 U + 1746 U² - 512 U³
    - 45 U⁴ + 6 U⁵ ) + U :
```

```
> x0 := (xmin + xmax) / 2 :
> m := round( j·x0 ) :
> U := m/j :
> xaprox := evalf ( -( -24570 + 582 U³
    + 291 U - 9 U⁵ + 5401 U² - 128 U⁴
    + U⁶ ) / ( 291 + 10802 U + 1746 U²
    - 512 U³ - 45 U⁴ + 6 U⁵ ) + U )
xaprox := 9.
> xREF := 9 :
> Erro_relativo := abs( xREF - xaprox ) / xREF · 100
Erro_relativo := 0.
> ######################
> ### Intervalo 6:
> xmin := 12.5 : xmax := 13.5 :
> x0 := (xmin + xmax) / 2 :
> m := round( j·x0 ) :
> U := m/j :
> xaprox := evalf ( -( -24570 + 582 U³
    + 291 U - 9 U⁵ + 5401 U² - 128 U⁴
    + U⁶ ) / ( 291 + 10802 U + 1746 U²
    - 512 U³ - 45 U⁴ + 6 U⁵ ) + U )
xaprox := 13.
> xREF := 13 :
> Erro_relativo := abs( xREF - xaprox ) / xREF · 100
Erro_relativo := 0.
> ######################
```

Exemplo 12

Considere um circuito elétrico, com um resistor e um diodo, como mostrado na Figura 14. Um diodo é um dispositivo semicondutor composto por uma junção p-n, que permite mais facilmente a passagem de portadores de carga em um sentido do fluxo de corrente, I, do que em outro. Quando o diodo trabalha em polarização direta, V, ele permite a passagem de corrente, todavia, quando ele trabalha em polarização reversa, -V, ele impede a passagem de corrente através dele. Note que, a presença deste elemento introduz uma não-linearidade ao circuito, de modo que, a equação que governa a relação entre correntes e tensões, I e V, desse sistema pode ser escrito como:

$$V = R.I + \frac{k_B T}{q} \ln \left(\frac{I}{I_S} + 1 \right) \tag{12}$$

com, k_B, a constante de Boltzmann, T, a temperatura absoluta, q, a carga elementar, I_s, a corrente de saturação.

Figura 14 – Circuito elétrico diodo-resistor e curva característica.

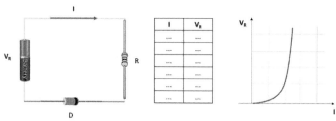

Fonte: Própria (2022)

Como é tradicionalmente sabido, este problema não possui solução analítica exata, e a Equação (12), é uma equação transcendental, sendo necessário lançar mão de técnicas numéricas para se chegar a uma solução aproximada para o problema. Todavia, um recurso alternativo para resolver esse tipo problema, é aplicar MAAS-PA. Utilizando o método gráfico, estude qual o intervalo de corrente, I, $I_{min} \leq I \leq I_{max}$, deve ser considerado, para se extrair a raiz, I, da equação transcendental, por métodos analíticos, quando a tensão sobre o circuito, V, varre o intervalo, $0 \leq V \leq 3.0$ Volts. Considere as constantes do problema: q = 0.16021764e-18 C, T = 300 K, R = 330 Ω, k_B = 0.138.10^{22}, Is = 5.10^{-6}, I_{min} = 1.10^{-14}, I_{max} = 1.10^{-2}, respectivamente, a carga elementar, a temperatura absoluta, a resistência, a constante de Boltzmann, a corrente de saturação, a corrente mínima e máxima, consideradas.

TREINAMENTO COMPUTACIONAL 12

```
> #######################
> ### Nome do arquivo: Exemplo 119.mw
> #######################
> restart;
> #######################
> ###  Para a faixa de tensões considerada,
> ###  0.6 < V <= 3.0. Volts
> ###  Precisamos escolher um intervalo,
> ###  Imin < I < Imax,
> ###  Encontrar a corrente I⁶,
> ###  raiz da Equação (12),
> ###  Para isto, vamos aplicar o Método Gráfico
> ###  e delimitarmos um intervalo que
> ###  contém a raiz, Ig,
> ###  enquanto varremos os diversos
> ###  valores de V de interesse,
> ###  escrevendo, fesq e fdir
> ###  para representar a equação à
> ###  esquerda e a direita
> ###  da equação transcendental
> #######################
```

```
> semilogplot([fesq(.2), fdir], Ig = Imin .. Imax, axes
= boxed, axis = [gridlines = [10, color = gray]],
labels = ["I", " fesq e fdir "], labeldirections =
["horizontal", "vertical"], labelfont = ["TIMES", 16],
tickmarks = [6, 6], font = ["TIMES", 14], color =
[black, red], style = [line, line], symbol = [point,
circle], view = [Imin .. Imax, -1 .. 1], title = [" ( b ) V
= 0.2 Volts"])
> semilogplot([fesq(.3), fdir], Ig = Imin .. Imax, axes
= boxed, axis = [gridlines = [10, color = gray]],
labels = ["I", " fesq e fdir "], labeldirections =
["horizontal", "vertical"], labelfont = ["TIMES", 16],
tickmarks = [6, 6], font = ["TIMES", 14], color =
[black, red], style = [line, line], symbol = [point,
circle], view = [Imin .. Imax, -1 .. 1], title = [" ( c ) V
= 0.3 Volts"])
> semilogplot([fesq(.5), fdir], Ig = Imin .. Imax, axes
= boxed, axis = [gridlines = [10, color = gray]],
labels = ["I", " fesq e fdir "], labeldirections =
["horizontal", "vertical"], labelfont = ["TIMES", 16],
tickmarks = [6, 6], font = ["TIMES", 14], color =
```

---

[6] Como no sistema computacional algébrico do Maple, **I**, é uma letra reservada, que não podemos usar, então, somente para efeito de cálculos, durante a realização do programa, chamamos essa variável de Ig.

> N := 6; > q := 0.16021764e-18; > T := 300; > R := 330; > kB := 0.138e-22; > Is := 5*I0; > I0 := 0.1e-11; > Imin := 0.1e-11; > Imax := 0.1e-1; > fesq := → V - R*Ig; > $fdir := \frac{kB \cdot T}{q} \cdot \log\left(\frac{Ig}{Is} + 1\right):$ > with(plots); > semilogplot([fesq(.1), fdir], Ig = Imin .. Imax, axes = boxed, axis = [gridlines = [10, color = gray]], labels = ["Ig", " fesq e fdir "], labeldirections = ["horizontal", "vertical"], labelfont = ["TIMES", 16], tickmarks = [6, 6], font = ["TIMES", 14], color = [black, red], style = [line, line], symbol = [point, circle], view = [Imin .. Imax, -1 .. 1], title = [" (a) V = 0.1 Volts"]);	[black, red], style = [line, line], symbol = [point, circle], view = [Imin .. Imax, -1 .. 1], title = [" (d) V = 0.5 Volts"]) > semilogplot([fesq(3.0), fdir], Ig = Imin .. Imax, axes = boxed, axis = [gridlines = [10, color = gray]], labels = ["I", " fesq e fdir "], labeldirections = ["horizontal", "vertical"], labelfont = ["TIMES", 16], tickmarks = [6, 6], font = ["TIMES", 14], color = [black, red], style = [line, line], symbol = [point, circle], view = [Imin .. Imax, -1 .. 1], title = [" (e) V = 3.0 Volts"]) > ### A partir dos gráficos obtidos, na Figura 15, verificamos que, > ### enquanto varremos a tensão de 0 < V <= 3.0 Volts, > ### o intervalo sugerido, Imin < Ig < Imax > Imin := 0.1e-13; > Imax := 5*e-2; > ### permite encontrar as raizes, I, da equação, nesse intervalo.

Figura 15 - Técnica usada para encontrar uma raiz.

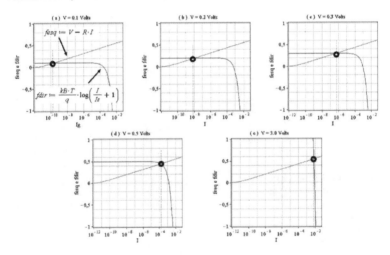

Fonte: Própria (2022)

Equações transcendentais desempenham um papel muito importante tanto nas ciências naturais quanto nas engenharia. Situações como essas, ou mesmo, situações muito mais complexas que essas, são muito comuns nas investigações científicas de um modo geral, sendo por isso de grande interesse o estudo de técnicas que possibilitem a solução de problemas dessa natureza.

Exemplo 13

Ainda considerando a Equação (12), Exemplo 119, encontre uma expressão analítica para a relação corrente-tensão, I × V, usando o MAAS-PA, e mostre que:

$$I = I_s \left(\frac{x_0 V - x_0 c \log(x_0) + x_0 c - c}{R x_0 I_s + c} \right)$$

$com \quad c = k_B T / q, \quad x_0 = (x_{MAX} + x_{MIN})/2, \quad x_{MAX} = I_{MAX}/I_s - 1, \quad x_{MIN} = I_{MIN}/I_s - 1.$

TREINAMENTO COMPUTACIONAL 13

```
> #######################
> ### Nome do arquivo: Exemplo 120.mw
> #######################
> restart
> #######################
> ### Obtenção de uma expressao analitica
> ### para a corrente I x V, partindo da
> ### equação transcendental
> f := fes q- fdir;
```

$$> f := V - R \cdot Ig - c \cdot log\left(\frac{Ig}{Is} + 1 \right):$$

```
> ### e escrevendo uma função aproximada,
faprox.
> ### Usando o MAAS-PA
> ### podemos buscar uma forma de representar
> ### a função aproximada do logaritmo, flogx,
> ### expandindo a função logarítmica, em Série
de Taylor,
> ### em torno de x = x0.
> taylor(log( x - x0), x = 0, 3)
```

$$\ln(x0) + \frac{1}{x0} (x - x0) - \frac{1}{2\,x0^2} (x - x0)^2$$

$$+ O\left((x - x0)^3\right)$$

$$> flogx := \ln(x0) + \frac{1}{x0} (x - x0):$$

```
> ### Chamando
> ### x = Ig / Is + 1   podemos escrever  Ig =
Is ( x – 1 )
> ### e reescrever a função transcendental como
> f: = V – R.( Is ( x – 1 )) – c.log(x)
> ### Substituindo log(x) por flogx, podemos
```

```
> ### escrever a função aproximada, faprox
> faprox := V – R.( Is ( x – 1 )) – c.flogx
```

$$faprox := V - R\,Is\,(x - 1) - c\left(\ln(x0) \right.$$

$$\left. + \frac{x - x0}{x0} \right)$$

```
> ### A solução da equação aproximada resulta
> solve({faprox = 0}, {x})
```

$$\left\{ x = \frac{(V + R\,Is - c \ln(x0) + c)\,x0}{R\,Is\,x0 + c} \right\}$$

$$> x1 := \frac{(V + R\,Is - c \ln(x0) + c)\,x0}{R\,Is\,x0 + c}:$$

```
> ### Como,  x = Ig / Is + 1, podemos obter, Ig
```

$$> solve\left(\left\{ x1 = \frac{Ig}{Is} + 1 \right\}, \{Ig\} \right)$$

```
> ### Que resulta,
```

$$\left\{ Ig = -\frac{(c - x0\,V + x0\,c \ln(x0) - x0\,c)\,Is}{R\,Is\,x0 + c} \right\}$$

```
> ### Assim, obtemos a raiz aproximada:
```

$$> Ig1 := -\frac{(c - x0\,V + x0\,c \ln(x0) - x0\,c)\,Is}{R\,Is\,x0 + c}:$$

```
> ### Pelo MAAS.
> ### Com
```

$$> x0 := \frac{(xmin + xmax)}{2}:$$

$$> xmin := \left(\frac{Igmin}{Is} + 1 \right):$$

$$> xmax := \left(\frac{Igmax}{Is} + 1 \right):$$

```
> #######################
```

Exemplo 14

A partir da relação, I × V, encontrada no Exemplo 120, compare esse resultado com o resultado numérico fornecido por um sistema computacional algébrico.

TREINAMENTO COMPUTACIONAL 14

```
> #######################
> ### Nome do arquivo: Exemplo 121.mw
```

```
Erroan[i] := 100*(IIgnum[i]-IIganal[i])/IIgnum[i]
end do;
```

```
> ########################
> restart;
> ########################
> ### Comparação do resultado analítico obtido,
> ### com o resultado numérico - Obtenção do
> ### Gráfico I x V do circuito resistor-diodo
> ########################
> N := 27;   # Número de componentes do vetor de tensão, V
> q := 0.16021764e-18;   # carga elementar
> T := 300;          # temperatura absoluta
> R := 330;          # resistência elétrica
> kB := 0.138e-22;   # constante de Boltzmann
> Is := 5e-5;        # corrente de saturação
> c := kB*T/q;
> Imin := 0.1e-13;   # intervalo de corrente inicial de investigação
> Imax := 0.1e-1;
> ########################
> f := j → 0.1 j + 0.5;
> V := Vector(N, f);
> j := 1e16;
> x0 := (1/2)*(Imin/Is-1+(Imax/Is-1));
> ########################
> for i to N do
      fesq := V[i];
      fdir := R*Ignum+c*log(Ignum/Is+1);
      f := fesq-fdir;
      IIgnum[i] := fsolve(f, Ignum, Ignum = Imin .. Imax) [7];
      IIganal[i] := (-c+ x0*V[i]- x0*c*log(x0)+ x0*c)*Is/(c+R* x0*Is);
> ########################
> VVg := seq(V[k], k = 1 .. N);
> Inum := seq(IIgnum[k], k = 1 .. N);
> Ianal := seq(IIganal[k], k = 1 .. N);
> Erro := seq(Erroan[k], k = 1 .. N);
> ########################
> with(plots);
> plot1 := logplot([VVg], [0.1e4*Inum], color = black, style = line, symbol = circle, legend = "Método Numérico");
> plot2 := logplot([VVg], [0.1e4*Ianal], color = red, style = point, symbol = box, legend = "Modelo Analítico");
> plots[display]({plot1, plot2}, axes = boxed, axis = [gridlines = [10, color = gray]], labels = ["V(Volts)", "Corrente(mA)"], labeldirections = ["horizontal", "vertical"], labelfont = ["TIMES", 16], tickmarks = [5, 6], font = ["TIMES", 14]);
> ########################
```

Figura 16 – Erro relativo.

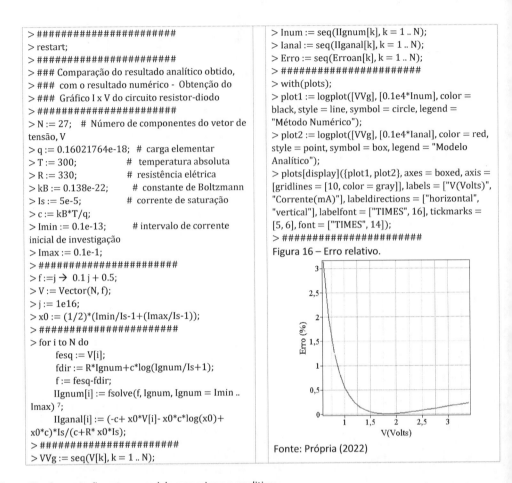

Fonte: Própria (2022)

Figura 17 – Comparação entre o modelo numerico e o analitico.

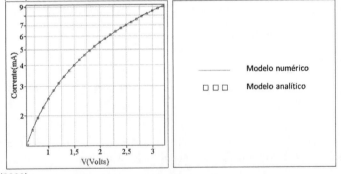

Fonte: Própria (2022)

O modelo numérico em nosso caso é fornecido pela ferramenta do Maplesoft, fsolve.

---

[7] Utilização de uma ferramenta do Maple para encontrar a raiz numérica da equação transcendental.

Exemplo 15

Explique resumidamente, em que consiste aplicar o MAAS-PA

TREINAMENTO COMPUTACIONAL 15

```
> ########################
> ### Nome do arquivo: Exemplo 122.mw
> ########################
> restart;
> ########################
> taylor(log(theta + U), theta = 0, 3)
```

$$\ln(U) + \frac{1}{U}\,\theta - \frac{1}{2\,U^2}\,\theta^2 + O(\theta^3)$$

```
> flogx := ln(U) + 1/U θ :
> theta := x -U:
> flogx
```

$$\ln(U) + \frac{x - U}{U}$$

```
> ###  Para aplicar o MAAS-PA, basta trocar
> ###  x0 por U na função aproximada
> ###  de modo a produzir o seguinte resultado
para a corrente
> ###
> Ig :=
```

$$Ig := \frac{(-c + U\,V - U\,c\,\ln(U) + U\,c)\,Is}{c + R\,U\,Is} :$$

```
> ### Com:
> U := m/j;                    # j um inteiro tendendo
ao infinito
> flogx := ln(U) + (x-U)/U :
```

$$flogx := \ln(U) + \frac{x - U}{U} :$$

```
> ########################
> m := round(j*x1);            # x1, sendo o resultado
obtido pelo MAAN-T
> ########################
```

Exemplo 16

Partindo do resultado obtido para a corrente pelo MAAS-PA, no Exemplo 121, mostre, que, uma expressão analítica final para a corrente, I, pode ser obtida, e é dada por:

$$I = I_s \left(\frac{UV - Uc\log(U) + Uc - c}{RUI_s + c} \right)$$

com $c = k_B T/q$, $U = m/j$, $m = inteiro\{jx_0\}$, $x_0 = (x_{MAX} + x_{MIN})/2$, $x_{MAX} = I_{MAX}/I_s - 1$, $x_{MIN} = I_{MIN}/I_s - 1$ e j um número inteiro. Discuta como o MAAN-T de Precisão Aumentada pode melhorar os resultados anteriores.

TREINAMENTO COMPUTACIONAL 16

```
> ########################
> ### Nome do arquivo: Exemplo 123.mw
> ########################
> restart;
> ########################
> N := 27;
> j := 0.1e17;
> q := 0.16021764e-18;
> T := 300;
> R := 330;
> kB := 0.138e-22;
> Is := 0.5e-5;
> c := kB*T/q;
> Imin := 0.1e-13;
> Imax := 0.1e-1;
> ### Definir um vetor para a Tensão, V
```

```
> ########################
> VVg := seq(V[k], k = 1 .. N);
> Inum := seq(IIgnum[k], k = 1 .. N);
> Ianal := seq(IIganal[k], k = 1 .. N);
> Erro := seq(Erroan[k], k = 1 .. N);
> ########################
> ### Comparação do resultado analítico obtido,
com o MAAS-PA, com o
> ### resultado Numérico fornecido por uma
ferramenta
> ### computacional algébrica

Figura 18 – Erro relativo.
```

```
> f := → 01*j+0.5;
> V := Vector(N, f);
> ########################
> x0 := (xmin + xmax)*(1/2);
> xmin := Imin/Is+1;
> xmax := Imax/Is+1;
> ########################
> for i to N do
    Ig1 := -(c-x0*V[i]+x0*c*ln(x0)-x0*c)*Is/(R*Is*x0+c);
    x1 := Ig1/Is+1;
    m := round(j*x1);
    U := m/j;
    fesq := V[i];
    fdir := R*Ignum + c*log(Ignum/Is+1);
    f := fesq-fdir;
    IIgnum[i] := fsolve(f, Ignum, Ignum = Imin .. Imax);
    IIganal[i] := (-c + U*V[i]-U*c*log(U)+U*c)*Is/(c+ R*U*Is);
    Erroan[i] := 100*(IIgnum[i]-IIganal[i])/IIgnum[i]
  end do;
```

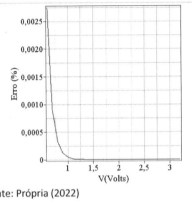

Fonte: Própria (2022)

```
> plot3 := plot([VVg], [Erro], color = red, style = line, symbol = box, thickness = 2);
> plots[display]({plot3}, axes = boxed, axis = [gridlines = [10, color = gray]], labels = ["V(Volts)", "Erro (%)"], labeldirections = ["horizontal", "vertical"], labelfont = ["TIMES", 16], tickmarks = [5, 6], font = ["TIMES", 14]);

> ########################
```

* * *

Este tipo de solução algébrica possível graças ao uso de MAAS é muito útil em diversos tipos de problemas em física, ciências e engenharia, porque o resultado não fornece somente um número, mas uma expressão matemática, que permite conhecer a relação funcional entre os parâmetros de um dado problema. Além disso, os aspectos discutidos nesse capítulo servem como uma excelente iniciação à disciplina de Cálculo Numérico, que em geral oferece bastante dificuldade aos alunos iniciantes. Uma aplicação bastante interessante para o método MAAS, pode ser encontrado no artigo publicado na revista internacional, Journal of Computacional Electronics (2021) (1) Visite esse artigo com o QRCode 2.

QRCode 2 - Artigo científico

SCAN QR-CODE

Outro problema em que a aplicação desse método é muito bem-sucedida é aquele da Ref. (2), publicado na revista internacional, IEEE Transactions on Nanotechnology, 2019. Visite esse artigo com o QRCode 3. Partindo da Eq. (5) dessa referência (2), um excelente exercício, para fornecer um bom entendimento para se resolver problemas científicos, em geral, é tentar aplicar MAAS a esse tipo de problema.

QRCode 3 – Artigo científico

SCAN QR-CODE

Questões, Exercícios, Atividades & Treinamento

Para a maioria das questões, pesquise na Internet, em diferentes fontes, para desenvolver sua expertise. Habitue-se, sempre, a anotar adequadamente, a referência de onde extraiu as informações, usando de preferência as normas da ABNT mais atual, ou outra norma que preferir, como IEEE, por exemplo.

1) Dentro das condições do Método Analítico Aproximado Simplificado (MAAS) faça um gráfico de θ em função de j para explicar a precisão do modelo.

2) Encontre as raízes da equação,
$$2x^3 + 9x^2 + 13x + 6 = 0,$$
usando MAAS, e compare com os resultados obtidos com as ferramentas apresentadas no Capítulo 5.

3) Encontre as raízes da equação,
$$4x^3 - 2x^2 - 5x - 17 = 0$$
usando MAAS, e compare com os resultados obtidos com as ferramentas apresentadas no Capítulo 5. Discuta vantagens e desvantagens de cada procedimento.

4) Usando MAAS, discuta propostas de solução analítica aproximada para o problema da equação cúbica de Van der Waals,
$$pV_m^3 - (Pb + RT)V_m^2 - aV_m + ab$$
e compare com os resultados obtidos com as ferramentas apresentadas no Capítulo 5.

5) Encontre as raízes da equação,
$$x^4 + 2x^3 - 13x^2 - 14x + 24 = 0$$
usando MAAS, e compare com os resultados obtidos com as ferramentas apresentadas no Capítulo 5.

6) A equação transcendental,
$$1 + \exp(2x) = x^3 - 5x + 3 \qquad (13)$$
possui duas raízes reais como é possível verificar no gráfico mostrado na Figura 19. Encontre soluções analíticas aproximadas para a equação transcendental, usando SAAM.

Figura 19 – Gráfico Problema 6

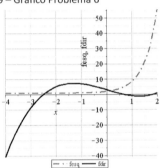

Fonte: Própria (2022)

7) A equação transcendental,
$$\sinh(2x) - x^3 = x^5 - 2x^2 + 3 \qquad (14)$$
possui três raízes reais como é possível verificar no gráfico mostrado na Figura 20**Erro! Fonte de referência não encontrada.**. Encontre soluções analíticas aproximadas para a equação transcendental, usando MAAS.

Figura 20 – Gráfico Problema 7

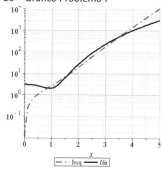

Fonte: Própria (2022)

8) A equação transcendental,
$$\log(5x) - x^7 = x^5 - 7x^4 + 3 \qquad (15)$$
possui duas raízes reais como é possível verificar no gráfico mostrado na Figura 21.

Encontre soluções analíticas aproximadas para a equação transcendental, usando MAAS.

Figura 21 – Gráfico Problema 8

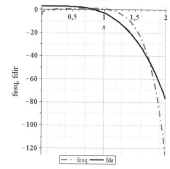

Fonte: Própria (2022)

Capítulo 7 – A mecanização do cálculo ganha impulso

O crescente desenvolvimento da tecnologia de fabricação de máquinas mecânicas, impulsionado pela Revolução Industrial, juntamente agora, com o domínio da eletricidade, e o amadurecimento do Cálculo Diferencial e Integral, elevaram o nível da computação a patamares ainda mais altos, dos que os alcançados até então, permitindo que diversas outras áreas do conhecimento, que estavam estagnadas até então, pudessem progredir e se desenvolver. As tabeladoras de Hollerith e as calculadoras mecânicas das duas últimas décadas do século XIX incrementaram o universo tecnológico e prepararam a sociedade para um futuro em que as necessidades de mais computação não paravam de ocorrer.

Ao completar este capítulo, você estará apto a:

- Descrever o primeiro processador de dados do mundo.
- Distinguir entre sistema de acesso serial e aleatório de dados.
- Discutir sobre a questão dos benefícios da automação.
- Compreender o papel de Hollerith na computação.
- Descrever o progresso das calculadoras mecânicas nas últimas duas décadas do século XIX.
- Compreender como novas necessidades trazidas pelo desenvolvimento do Cálculo Diferencial e Integral impulsionaram o desenvolvimento da computação.
- Relacionar uma série de dispositivos analógicos inventados para tentar auxiliar no Cálculo Diferencial e Integral, no século XIX.
- Compreender o que era um Analisador Diferencial.
- Distinguir entre máquinas de uso geral e máquinas de uso específico.
- Compreender que calculadoras analógicas são sempre máquinas de uso específico.
- Compreender a importância de se registrar as descobertas e invenções através da publicação em periódicos, livros, jornais, revistas ou a participação em congressos científicos.

Primeiro processador de dados do mundo

No final do século XIX, os Estados Unidos da América já se destacavam no cenário social, político e econômico, como uma das maiores potências industriais do mundo, sendo o palco de numerosas e efervescentes ideias de patentes, para diversas finalidades e objetivo. Nesse clima de grandes descobertas e invenções, em 1884, um engenheiro chamado Herman Hollerith (1860-1929) apresentou a primeira de uma série de patentes para um sistema eletromecânico que contava e classificava cartões perfurados. Devemos salientar, porém, que, diferentemente da Máquina Analítica de Babbage, cujos cartões perfurados continham informações sobre números, variáveis e instruções de processamento, e que tinha um foco mais acadêmico, para atender as necessidades comuns de quem trabalhava em ciências e engenharia, no sistema de Hollerith, em contra partida, os cartões perfurados continham outros tipos de informações, a saber, estatísticas de todo tipo, gênero, renda, idade, dados sobre população, valores sobre vendas ou valores em estoque, e atraiu rapidamente o interesse por parte de grandes corporações e dos governos. Hollerith trabalhou num equipamento que era capaz de ler os cartões perfurados e tratar informações comuns muito diversas, mas que alcançava diversas finalidades comerciais e de negócios. Os cartões eram lidos por meio de um classificador, que os agrupavam em categorias específicas e depois um tabulador, contava as perfurações e exibia os resultados. Note que, as máquinas não calculavam ou computavam, mas, apenas coletavam dados e contavam. Neste sentido, podemos dizer que o sistema de Hollerith foi o primeiro processador de dados do mundo, sendo um equipamento que foi bem recebido, desde sua entrada triunfal no mundo dos negócios, tendo chegado já sem tempo, devido a demanda do final do século XIX. Tudo isso significava um grande progresso e desenvolvimento, pois, com esse sistema, foi possível contar, agrupar e analisar informações. Talvez uma das razões para o grande sucesso desse empreendimento, era que um dos principais clientes de Hollerith era o próprio governo americano, que viu nesse sistema a possibilidade de solução de um grande problema seu, pois com o crescimento dos dados e estatísticas de uma população que não parava de crescer, a realização do Censo dos Estados Unidos estava cada vez mais difícil se concretizar, por meios de processos de contagens manuais. Diante desse cenário, o censo de 1890, estava cada vez mais inviável, tendo em vista, que o censo de 1880 já tinha sido extraordinariamente lento, caro e cheio de erros, e não permitia análises sofisticadas de dados, porque tudo era feito praticamente à mão, com auxílio de alguns dispositivos rudimentares, que não eram exatamente eficientes. Os funcionários que trabalhavam no censo de 1880 demoraram alguns meses para classificar e agrupar as categorias específicas do censo, e levaram alguns anos para concluir a tarefa de tabelar e analisar os dados. Compreendendo todas as questões envolvidas, em 1882, Hollerith decidiu resolver o problema do censo, e para isso, parte do plano foi tornar-se instrutor de engenharia mecânica no *Massachusetts Institute of Technology* (MIT), onde construiu seu primeiro sistema de tabulação, aproveitando-se das oficinas da escola.

Primeiro sistema de acesso serial de dados.

O sistema de Hollerith se mostrou um verdadeiro sucesso desde o início, e prometia ser uma tendência que levaria a um futuro de muitas inovações. Todavia, ainda em sua roupagem inicial, o equipamento usava fita perfurada em vez de cartões perfurados. O sistema, sem dúvida, era uma melhoria muito grande quando comparado às folhas de cálculo e de consolidação, manuais, uma vez que os dados das fichas eram convertidos em fita perfurada, e muitos itens poderiam ser tabelados de uma única vez, em contraste com um, dois ou três itens que poderiam ser agrupados em uma folha de registro. O sistema sem dúvida funcionava muito bem. Apesar disso, Hollerith logo percebeu que ele havia cometido um erro técnico grave, em sua concepção, pois a fita de papel era um meio pouco prático, que, de fato, prejudicava a velocidade e a flexibilidade do tabulador, principalmente nos casos em que era necessário recuperar uma informação específica na fita. Nessas situações, todo o rolo precisava ser filtrado para se tentar encontrar a informação procurada, e como os dados procurados podiam estar em qualquer parte da fita, no começo, no meio, ou, no final dela, era muitas vezes necessário cortar a fita em pedaços, e remendá-la, todas as vezes que era necessário acessar uma dada informação. Uma outra desvantagem do seu sistema usando fita perfurada, era que, depois de encontrar os dados, não havia como isolá-los para referência futura, e assim evitar todo esse processo novamente. Na terminologia moderna, esse

QRCode 4 - Bit by bit (46), (47)

método de recuperar dados é conhecido como acesso serial de dados, e as fitas de Hollerith ilustram muito bem a sua operação.

Primeiro sistema de acesso aleatório de dados.

Foi pensando em resolver este problema, que Hollerith recorreu aos cartões perfurados, que Billings, seu chefe, já tinha sugerido desde o início do projeto, mas, que, naquele momento, não pareceu fazer muito sentido para Hollerith. Muito provavelmente, esta questão estava incomodando Hollerith o tempo todo, de maneira que, um dia, quando estava fazendo uma viagem de trem, supostamente de casa para o trabalho ou vice-versa, ele começou a reparar no mecanismo de perfuração dos bilhetes da Companhia Ferroviária de Trens que viajava, e na forma com que eles eram perfurados à base de socos pelos equipamentos da companhia. Isto parece ter iluminado a mente de Hollerith, que, instantaneamente, teve a ideia de cortar a fita em seções, o que parecia agora com os cartões perfurados de Billings, e o resultado foi um sistema de tabulação rápido e versátil. A vantagem dessa mudança era que, depois de transcrever as informações para os cartões, você podia isolar manualmente ou eletromecanicamente qualquer cartão ou classe de cartões. Na terminologia moderna, esta forma de recuperação de dados é conhecida como acesso aleatório.

Os benefícios da eletricidade nos sistemas de Hollerith

Um grande avanço trazido pela modernidade de seu tempo, era o uso da eletricidade nos equipamentos de Hollerith, pois na década de 1880, os equipamentos elétricos e as redes de energia elétrica puderam ser incorporados nos seus projetos, que eram alimentados com baterias que podiam ser recarregadas através da companhia de energia local. Depois da mudança de fita perfurada para cartão perfurado, Hollerith teve que redesenhar todo o seu sistema. Analogamente, ao perfurador à base de socos da Companhia Ferroviária de Trens, Hollerith criou um perfurador especial, uma máquina de perfurar cartão, chamada *pantograph punch*, que consistia numa pequena prensa composta por um conjunto de pinos e uma cama subjacente de minúsculos buracos de mercúrio, de tal modo que, quando um operador colocava um cartão na prensa e puxava o cabo, os pinos passavam pelos furos no mercúrio, fechando circuitos elétricos que avançavam nos contadores, mostradores simples colocados em uma mesa de madeira que lembrava um piano vertical. Quanto ao classificador, era simplesmente uma caixa com vários compartimentos. Quando um cartão com um conjunto de características desejado passava pela impressora, uma caixa no classificador se abria e o operador introduzia o cartão nele. Por isso, o trabalho de Hollerith possui um ar distinto e moderno, com todas as vantagens trazidas pelas máquinas elétricas, contrariamente às máquinas mecânicas. Note que, um século antes, Babbage também havia pensado em usar eletricidade em seus projetos, mas a natureza e o uso da eletricidade, em sua época, eram ainda mal compreendidos, e para a maior parte da população, era só mais uma esquisitice de um cientista excêntrico. Entretanto, embora não soubessem, era apenas uma questão de tempo, e a eletricidade seria incorporada no trabalho de Hollerith, como uma grande inovação.

Um difícil começo para a Tabulating Machine Company

Em vista de todo o sucesso de seus empreendimentos, Hollerith criou a Tabulating Machine Company para comercializar a sua máquina em 1896. O sistema de Hollerith, que, desde sua apresentação se mostrou muito eficiente, foi recebido com muito interesse pela imprensa popular e científica, e pela comunidade, de um modo geral. Seu equipamento era mais rápido, e entregava os resultados, num tempo muito menor do que as operações manuais podiam fazer, possuía um tamanho pequeno, era simples e mais confiável do que qualquer máquina mecânica jamais pudesse ter sido. Apesar de todas essas vantagens, as pessoas naquela época não estavam acostumadas com esse tipo de realidade, muitas ficavam desconfiadas, e a indústria ainda estava vacilante, em gastar dinheiro com essa novidade, não bem certa, se era apenas um devaneio passageiro. Obviamente, e como acontece com quase qualquer novidade tecnológica que é introduzida no mercado, passado um momento de resistência inicial, a indústria privada começou a utilizá-los. Todavia, devido a uma política da empresa de Hollerith, que certamente no início se viu numa situação delicada, num momento de transição, enquanto seus novos consumidores se acostumam com a ideia, criaram um sistema de alugar seus produtos, ao invés de vende-los, uma vez que o preço dos equipamentos, pudessem ser considerado um pesado investimento por parte de alguns. Essa tática da empresa de Hollerith acabou favorecendo que a indústria privada começasse a dar os primeiros passos nessa direção, de tal modo, que os seus equipamentos, em pouco tempo, já estavam lotando as indústrias americanas, ganhando espaço no mercado internacional, de tal maneira que, ninguém mais podia viver sem aquilo, a tal ponto, que, em 1900, a empresa de Hollerith, a *Tabulating Machine Company*, tinha mais clientes do que podia suportar.

Surge a IBM em 1924

Apesar de todo o glamour trazido pelas máquinas da Tabulating Machine Company invadindo as indústrias de todo o mundo, como a empresa de Hollerith alugava seus equipamentos, ao invés de vende-los, sua companhia estava sempre sem capital. Este é um problema que se repete várias vezes na história da tecnologia, e em muitos aspectos, parecendo que, os benefícios da automação não compensam os pesados investimentos envolvidos, como era o caso da Tabulating Machine Company. Esse fenômeno se repete diversas vezes na história da computação, mas, com o tempo, as técnicas vão se aprimorando e os custos vão baixando. Isso iria acontecer tempos depois, no advento dos computadores eletrônicos, meio século depois, quando também, num primeiro momento, são extremamente caros e inviáveis para a massa popular, e depois de algum tempo, o amadurecimento tecnológico traz a sua compensação. Todavia, tudo isso, envolve tempo, estratégia e experiência dos profissionais envolvidos no desenvolvimento de tecnologias. Isso, obviamente, também aconteceu com Hollerith. Passado um tempo de maturação, a *Tabulating Machine Company,* se funde em 1924, com outras três empresas: a International Time Recording Company, a Computing Scale Corporation, e a Bundy Manufacturing Company, dando origem à grandiosa e espetacular, até hoje, um símbolo de inovação e desenvolvimento, a International Business Machines Corporation, a IBM.

A ascensão da indústria de calculadoras mecânicas

Paralelamente, no final do século XIX, além do sucesso nos sistemas de Hollerith, assistimos também os avanços nas máquinas-ferramentas e na engenharia mecânica de um modo geral, o que permitiu o desenvolvimento de inúmeros novos projetos de fabricação de calculadoras, e pedidos de patentes, levando muitos empresários a obterem sucesso financeiro garantido, com esse setor do mercado. Como já dissemos anteriormente, o primeiro grande avanço na tecnologia de calculadora, veio do Aritmômetro, uma calculadora de quatro funções, confiável, e inventada por Thomas de Colmar, cujo design foi adotado por muitas empresas, durante muitos anos. Muitos imitadores triunfaram com esta conquista, e vez ou outra, uma nova inovação era comemorada, e somada ao conhecimento técnico geral da indústria de calculadoras. Em 1889, Leon Bollée inventou uma calculadora com uma tabela de multiplicação interna. Todavia, a primeira calculadora, de fato, prática, com tabela de multiplicação, foi projetada em 1893, por Otto Steiger, e se chamava Milionário. O Milionário vendeu mais de 5.000 peças até 1935, e encontrou moradia em salas de contabilidade e universidades em todo o mundo, embora não tivesse um verdadeiro método conveniente para inserir números, o que os tornava um pouco desajeitados de usar, e não tinham uma impressora para registrar os resultados. Dorr E. Felt (1862-1930) inventou uma calculadora semelhante a uma máquina de escrever. Esta invenção representou uma grande evolução em design e praticidade. Algum tempo depois, William S. Burroughs (1857-1898) patenteou a primeira calculadora com um teclado numérico e uma impressora embutida. Apesar de todo o progresso conquistado até então, as máquinas apresentavam um problema, não suportavam o uso diário e precisavam logo, serem descartadas. Em 1892, Burroughs patenteou outra calculadora de teclado, e este modelo foi um sucesso, superando em muito todas as outras calculadoras do mercado. Burroughs morreu em 1898 com a idade de quarenta e um anos. Cerca de 2.000 calculadoras de Burroughs foram compradas em 1901, 3.000 em 1902, 4.500 em 1903. Em 1913, a Burroughs Adding Machine Company, que havia se mudado para Detroit, tinha cerca de 2.500 funcionários e US $ 8 milhões em vendas, e era tão grande quanto todos os seus concorrentes juntos. Burroughs, Monroe, Felt & Tarrant e os outros fabricantes de calculadoras encontraram um mercado pronto para suas mercadorias em bancos, empresas, departamentos de contabilidade e universidades. Na década de 1920, calculadoras elétricas estavam disponíveis, e bastava você apertar alguns botões e as máquinas faziam a maior parte do trabalho, imprimindo, incrivelmente, os resultados em rolos de papel. O início do século XX foi de fato marcado por diversos progressos, nas ciências e na engenharia, com desdobramentos nas tecnologias, que trouxeram benefícios perceptíveis na vida em sociedade. Um vislumbre da modernidade chegava a inúmeros ambientes, trazendo o pensamento inquietante e constante, o que mais vão inventar? Todavia, apesar de todo o avanço trazido pelas calculadoras elétricas, e as máquinas de tabelar de Hollerith, ainda, esses equipamentos não eram bons para lidar com problemas matemáticos complicados. Então, sucessos nessa área, ainda eram esperados. E eles vieram.

Novas necessidades computacionais

Durante muito tempo, a atividade matemática dos nossos ancestrais se resumia a fazer contas aritméticas, tais como, adição, subtração, multiplicação e divisão, apenas. Isto se estendeu por um longo período. À medida que a ciência, a engenharia e a sociedade avançaram, novas necessidades matemáticas exigiram cada vez mais, novas soluções computacionais. O cálculo diferencial e integral deu passos significativos na Europa no século XVII, dos esforços independentes de dois ilustres matemáticos, Isaac Newton (1642-1727), na Inglaterra, e Gottfried Wilhelm Leibniz (1646-1716), na Alemanha, que chegaram a conclusões semelhantes sobre a natureza do cálculo. O advento desse conhecimento representou um grande salto intelectual para a humanidade. Newton e Leibniz, juntos, embora independentemente, formularam as bases teóricas do cálculo diferencial e integral e definiram o conjunto de notações e técnicas, que ainda são usadas até os dias de hoje. As equações diferenciais representam uma área muito importante dentro do cálculo diferencial e integral, em que, muitas equações diferenciais são resolvidas usando-se métodos de integração, tais como o método de separação de variáveis ou o método de substituição, que se tornam muito úteis para a solução de problemas diversos.

Definição 2

Uma equação diferencial pode ser definida como uma equação matemática que relaciona uma ou mais variáveis com suas taxas de variação. A solução de uma equação diferencial subentende que precisamos encontrar uma função que satisfaça a equação diferencial e atenda às condições iniciais ou de fronteira, dadas, a priori.

A descoberta do cálculo diferencial e integral é reconhecida como um dos maiores avanços na história da matemática. Esse ramo do conhecimento é amplamente utilizado em diversas áreas da ciência e da engenharia, tendo impactado significativamente o desenvolvimento de inúmeras áreas. Isso se deve ao fato de que o cálculo diferencial e integral forneceu uma maneira de descrever e analisar mudanças e evoluções de grandezas que variam continuamente ao longo de um determinado parâmetro. Em física, por exemplo, esse ramo da matemática é utilizado para estudar a velocidade e a aceleração de objetos em movimento, que variam em função do tempo, entre muitas outras coisas. Equações diferenciais pode nos ajudar a prever o comportamento de muitos fenômenos da natureza ou de sistemas particulares de interesse prático, tornando-se muito úteis, com extensa aplicabilidade no dia a dia. Em geral, resolvermos equações diferenciais para encontrar uma função que descreva mudanças ou variações, e a notação da derivada pode ser usada para essa finalidade. As funções obtidas variam com o tempo ou com a posição, dependendo do problema em estudo. Curioso observar que, Newton, no século XVII, estava preocupado em estudar o movimento dos planetas, entretanto, o mesmo método de solução desenvolvido por ele, seria aplicado mais tarde, em uma infinidade de problemas práticos em ciências e engenharia, com aplicabilidades no mundo moderno, permitindo o estudo de taxas de crescimento de populações, distribuição de temperatura em uma superfície, entre outras. Com isso, uma série de áreas do conhecimento que estavam até então estagnadas, por volta da época do advento do cálculo, tais como, vários setores da construção civil, da engenharia elétrica, da engenharia mecânica, da física, química, biologia, economia, entre outras, puderam crescer e se desenvolver, com a utilização dessa nova ferramenta matemática. Em decorrência de toda a evolução do pensamento que isso permitiu, em diferentes áreas do conhecimento, tornou cada vez mais urgente o aparecimento de novas ferramentas de cálculo para auxiliar na solução dos novos problemas que surgiram, de tal maneira que pudessem acompanhar os novos avanços científicos e os novos avanços na sociedade como um todo. Como, no século XVII e XVIII, não havia disponíveis recursos computacionais à altura das novas possibilidades, que o avanço matemático permitia, problemas que exigiam um altíssimo número de passos matemáticos para serem executados, tiveram de esperar até que melhores formas de computação fossem desenvolvidas.

O desenvolvimento da modelagem matemática de problemas

O desenvolvimento do cálculo diferencial e integral levou a novos desafios em física, química, engenharia e biologia. Esses desafios exigiram novos conhecimentos matemáticos, que por sua vez levaram ao desenvolvimento da modelagem matemática. A modelagem matemática é a aplicação de conceitos, técnicas e ferramentas matemáticas para descrever e entender fenômenos do mundo real. É uma ferramenta poderosa para resolver problemas complexos, pois muitas vezes pode envolver múltiplas variáveis e suas interações. A modelagem matemática também é valiosa para desenvolver habilidades de resolução de problemas, pensamento crítico e criatividade. Ao aprender a modelar problemas do mundo real, podemos obter informações valiosas sobre como o mundo funciona e como aplicar a matemática para resolver problemas. Atualmente, nas ciências, a modelagem é uma ferramenta importante para a criação e teste de teorias, previsão de resultados e desenvolvimento de tecnologias. Na engenharia, a modelagem é fundamental para o projeto e construção de estruturas e sistemas, como pontes, edifícios, aviões e carros, etc. Na biologia, a modelagem é usada para estudar a dinâmica populacional, a evolução de espécies, a resposta de organismos a diferentes condições ambientais, entre outros. Na arqueologia, a modelagem é utilizada para reconstruir ambientes antigos e entender as culturas e sociedades de povos antigos. Na física, é vastamente utilizada, desde a física clássica até a física moderna, em que, equações diferenciais são amplamente utilizadas para descrever fenômenos que envolvem variação ao longo do tempo, possibilitando o desenvolvimento e compreensão de diversas teorias físicas. Na mecânica clássica, a segunda lei de Newton é um exemplo de equação diferencial utilizada para analisar o movimento de objetos, planetas e corpos celestes. Na termodinâmica, equações diferenciais são utilizadas para estudar relações entre temperatura, pressão e volume de gases e líquidos, como a equação de estado dos gases ideais. Na dinâmica de fluidos, as equações de Navier-Stokes são um exemplo de equações diferenciais parciais usadas para modelar o movimento de fluidos em diversas situações. Na física quântica, a equação de Schrödinger é crucial para o estudo do comportamento da matéria em níveis atômicos e subatômicos. Devido à grande importância das equações diferenciais na modelagem matemática de problemas, é essencial que os estudantes desenvolvam as habilidades necessárias para trabalhar com essas equações e compreendam os conceitos fundamentais e as técnicas utilizadas para resolvê-las. Isso inclui a compreensão das diferentes classes de equações diferenciais, como as equações diferenciais ordinárias e as equações diferenciais parciais, bem como os métodos analíticos e numéricos para sua solução. Os estudantes podem adquirir essas habilidades por meio de treinamento adequado em uma variedade de exercícios oferecidos nos cursos tradicionais de cálculo e física. Isso lhes permite interpretar e aplicar as soluções das equações diferenciais na modelagem de problemas específicos em diversas outras áreas do conhecimento. Eles aprendem a identificar as equações diferenciais relevantes para descrever fenômenos específicos e a utilizar as técnicas matemáticas apropriadas para obter soluções adequadas. O desenvolvimento dessas habilidades permite que os estudantes se tornem proficientes na aplicação das equações diferenciais na resolução de problemas complexos e na compreensão de diversos fenômenos. Além disso, capacitam-nos a contribuir para o avanço dessas áreas, aplicando as equações diferenciais de forma criativa e inovadora em suas respectivas disciplinas. Uma forma de auxiliar nesse processo é o uso de ferramentas computacionais modernas, como softwares de simulação e programação, que possibilitam a visualização e análise de soluções de equações diferenciais em diversas situações. Essas ferramentas fornecem uma compreensão mais clara de como as equações diferenciais podem ser aplicadas em diferentes contextos, permitindo que os estudantes desenvolvam expertise na resolução de problemas em diversas áreas. Além disso, a utilização dessas ferramentas pode motivar os estudantes, tornando o aprendizado mais interessante e prático. A combinação de conhecimentos teóricos em equações diferenciais com a prática de resolução de problemas por meio de ferramentas computacionais modernas é essencial para que os estudantes adquiram um conjunto de habilidades valiosas para suas futuras carreiras. Neste curso, nosso objetivo é explorar problemas práticos de diferentes áreas, desde física e engenharia até biologia e arqueologia, que possam ser resolvidos por meio de equações diferenciais. Pretendemos testar as capacidades computacionais dos sistemas modernos para fornecer um entendimento adequado aos estudantes dos cursos de elementos de programação sobre como utilizar essas ferramentas e resolver problemas diversos. As equações diferenciais são um campo rico para modelar matematicamente problemas em diversas áreas, e suas soluções podem fornecer informações valiosas sobre o comportamento dessas grandezas ao longo do tempo ou do espaço, etc. Esses problemas também representam um desafio computacional interessante, uma vez que sistemas de computação algébricos, como Python, MATLAB, Maple e Mathematica, são ferramentas poderosas capazes de resolver equações diferenciais e fornecer soluções numéricas precisas para uma ampla gama de problemas. Elas podem lidar com problemas que envolvem uma ou várias variáveis, equações de ordem superior, equações parciais, sistemas de equações, entre outros. Essas ferramentas possibilitam a realização de experimentos virtuais que podem ajudar a compreender melhor o comportamento de sistemas complexos, fornecer previsões precisas sobre seu comportamento futuro e contribuir para a solução de problemas práticos de interesse.

Malthusianismo

Podemos citar inicialmente o modelo de Malthus como um exemplo relevante para modelar fenômenos que envolvem taxas de variação. Esse modelo tem grande importância, sendo um exemplo clássico, especialmente em relação ao crescimento populacional. Thomas Robert Malthus foi um economista e demógrafo britânico do século XVIII, considerado o pai da demografia, por sua teoria de controle do aumento populacional, conhecida como malthusianismo, e estava interessado em explicar o crescimento da população humana. Uma preocupação muito pertinente, uma vez que a população da Terra não para de crescer, e os recursos naturais não renovam na mesma velocidade. A população mundial era de 603 milhões de habitantes em 1700, atingiu um bilhão de habitantes por volta de 1800, 1,56 bilhão, em 1900, e 6,1 bilhões de habitantes, em 2000. Segundo o site Worldometer de estatísticas mundiais, em abril de 2023, somos mais de 8 bilhões de habitantes, e as Nações Unidas estimam que a população humana chegue até 11,2 bilhões em 2100. Segundo a teoria malthusiana, a população mundial cresceria seguindo uma progressão geométrica enquanto a produção dos alimentos ocorreria apenas em uma progressão aritmética. Isso significa que, em algum momento, a população se tornaria grande demais para ser sustentada pelos recursos disponíveis e ocorreria uma crise de fome e pobreza generalizada. Thomas Malthus, propôs um modelo matemático simples para descrever a relação entre a taxa de crescimento populacional e o número da população. Essa relação pode ser descrita por uma equação diferencial simples conhecida como a equação de Malthus, dada por

$$\frac{dP}{dt} = rP \tag{1}$$

em que, P é a população, dP/dt é a taxa de crescimento populacional no tempo t (ou seja, a taxa de variação do número de indivíduos em relação ao tempo), t é o tempo, é a taxa de crescimento populacional. Quando r é positivo, temos um crescimento da função, enquanto, quando r é negativo, há uma diminuição da função.

Exemplo 17

Suponha que a taxa de crescimento populacional de uma cidade seja proporcional ao tamanho da população existente, que inicialmente é de 500 mil habitantes. Se a taxa de crescimento populacional é de 5% ao ano, faça um gráfico mostrando qual será a projeção da população ao longo das próximas cinco décadas.

Podemos usar a equação diferencial do modelo de Malthus para prever o tamanho da população em um determinado momento no futuro, com base em uma taxa de crescimento exponencial constante. Para resolver esse problema, podemos usar a equação diferencial que descreve a taxa de crescimento populacional em termos do tamanho da população, dada pela Eq. (16), em que sabemos que a taxa de crescimento populacional é de 5% ao ano, o que significa que r = 0,05 e que a população inicial é de 500 mil habitantes. Usando essas informações, podemos encontrar a expressão para a população, P, ao longo do tempo. A equação de Malthus, como apresentada na Eq (16), não leva em conta fatores como competição, predação, doenças, migração e outras influências externas que podem afetar a taxa de crescimento populacional. Apesar de suas limitações, entretanto, a equação de Malthus continua sendo uma ferramenta muito útil para modelar o crescimento populacional em inúmeras situações, e ainda é amplamente utilizado em estudos de demografia e ecologia. De fato, com o passar do tempo, foram feitos aprimoramentos subsequentes na Lei de Malthus original a fim de incorporar inúmeras outras características. Todavia, para nosso interesse particular, neste livro, o modelo de Malthus original é um bom exemplo de como as equações diferenciais podem ser usadas para modelar fenômenos que envolvem taxas de variação e como podemos explorar suas potencialidades nos sistemas de computação algébricos.

TREINAMENTO COMPUTACIONAL 17

```
> restart;
> ##########################
> A := t -> diff(P(t), [$(t, 1)]);
> ### Definindo uma equação diferencial de
> primeira ordem
> ode1 := A(t) = r*P(t)*(1-P(t)/C);
> ics := P(0) = P0;
> eq1 := dsolve({ics, ode1});
> assign(eq1);
> P(t);
> P := t -> P0*exp(r*t);
> ##########################
> P0 := 500000;
> C := 1000000;
> r := 0.5e-1
> ##########################
> t1 := 0;
> t2 := 50;
> with(plots);
> plot1 := plot(P(t), t = t1 .. t2, color = black,
style = point, symbol = circle);
> plot2 := plot(P(t), t = t1 .. t2, color = red, style
= line, symbol = point);
```

```
> plots[display]({plot1, plot2}, axes = boxed,
labels = ["tempo(anos)", "P(t) "], axis = [gridlines
= [14, color = gray]]);
```

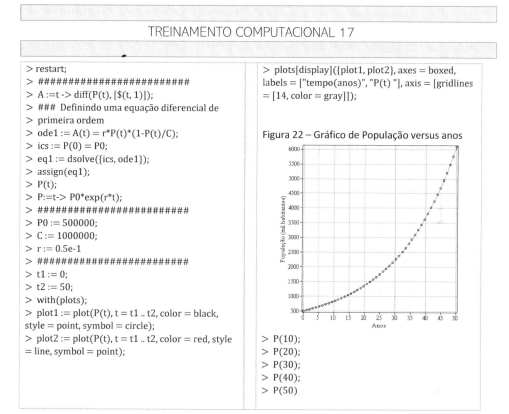

Figura 22 – Gráfico de População versus anos

```
> P(10);
> P(20);
> P(30);
> P(40);
> P(50)
```

Exemplo 18

Ainda com relação ao Exemplo (16), calcule:
a) Qual será o tamanho da população após 20 anos?
b) Em quantos anos a população dobrará de tamanho?
c) Qual será a taxa de crescimento populacional necessária para que a população triplique de tamanho em 40 anos?
d) Qual seria o tamanho da população inicial necessário para que a população atinja 2 milhões de habitantes em 30 anos, com uma taxa de crescimento populacional de 5% ao ano?
e) Como a projeção da população mudaria se a taxa de crescimento populacional fosse reduzida para 3% ao ano?
f) Qual seria a taxa de crescimento populacional necessária para que a população atinja 1 milhão de habitantes em 15 anos, com uma população inicial de 300 mil habitantes?

Crescimento de bactérias

A biologia também usa equações diferenciais para modelar o comportamento de sistemas biológicos ao longo do tempo, o crescimento de populações, a distribuição de espécies, processos biológicos complexos, a dinâmica de populações, a propagação de doenças e a evolução genética. Esses modelos podem levar em consideração fatores como a taxa de natalidade, a taxa de mortalidade e a capacidade do habitat de suportar a população, ou a taxa de nascimento, a taxa de mortalidade e a migração. A partir desses modelos, os biólogos podem prever como a população se comportará ao longo do tempo e responder a questões como: "Qual será o tamanho da população daqui a 10 anos?" ou "Em que momento a população alcançará o equilíbrio?" Podem também ajudar a entender como a densidade populacional muda em resposta a mudanças ambientais, como a disponibilidade de recursos. E tudo isso, pode levar a descobertas importantes e ajudar a resolver questões críticas relacionadas à conservação da vida e à saúde pública. As equações diferenciais também podem ser usadas na modelagem de processos bioquímicos, como reações enzimáticas e transporte de moléculas através das membranas celulares. Esses modelos podem ajudar a entender como as células respondem a estímulos externos e como os medicamentos interagem com o corpo. Além disso, as equações diferenciais são amplamente usadas na neurociência para descrever como os neurônios se comunicam entre si, a dinâmica de redes de neurônios. Por exemplo, as equações diferenciais podem ser usadas para modelar como os potenciais de ação se propagam ao longo de um neurônio ou como as sinapses funcionam. A seguir, vamos apresentar um exemplo de equação diferencial envolvendo o crescimento populacional de bactérias.

Exemplo 19

Suponha que uma população de bactérias cresce de acordo com a Lei de Malthus, que diz que a taxa de crescimento da população é proporcional ao tamanho atual da população. Suponha que a população inicial seja de 2500 bactérias e que a taxa de crescimento seja de 0,5 por hora. Além disso, suponha que a capacidade máxima de suporte do ambiente para essa população de bactérias é de 10000 bactérias. (a) Encontre uma equação diferencial que modele a dinâmica de crescimento dessa população de bactérias. (b) Calcule a população de bactérias em função do tempo e faça um gráfico mostrando essa relação.

Inicialmente, vamos denominar, P(t), a quantidade que define a população de bactérias em função do tempo t. Para modelar a dinâmica de crescimento da população de bactérias descrita neste problema, podemos usar a equação diferencial, originária da Lei de Malthus, portanto modificada, que se escreve como:

$$\frac{dP}{dt} = rP\left(1 - \frac{P}{K}\right)$$

em que, r é a taxa de crescimento da população, e K é a capacidade máxima de suporte do ambiente. A equação acima é conhecida como equação logística. A equação logística foi proposta pelo matemático belga Pierre François Verhulst em 1838, como uma tentativa de modelar o crescimento populacional limitado pelos recursos disponíveis no ambiente. A equação logística é uma equação diferencial que descreve o crescimento de uma população ao longo do tempo, levando em conta a capacidade de suporte do ambiente e a taxa de crescimento intrínseca da população. Desde então, a equação logística tem sido aplicada em diversas áreas, incluindo biologia, ecologia, economia, engenharia e ciências sociais.

TREINAMENTO COMPUTACIONAL 18

```
> restart ;
> ####################
> A := t-> diff(P(t), [`$`(t, 1)]);
> ics := P(0) = P0;
> eq1 := dsolve({ics, ode1});
> assign(eq1);
> P(t);
> P := t-> P0*K/(P0+exp(-r*t)*K-exp(-r*t)*P0) ;
> ####################
> P0 := 2500 ;
> K := 100000 ;
> r := 0.5 ;
> ####################
> t1 := 0 ;
> t2 := 30 ;
> with(plots) ;
> plot1 := plot(P(t), t = t1 .. t2, color = black, style = point, symbol = circle) ;
> plot2 := plot(P(t), t = t1 .. t2, color = red, style = line, symbol = point)
> plots[display]({plot1, plot2}, axes = boxed, labels = ["tempo(horas)", "P(t) "], axis = [gridlines = [14, color = gray]]);
```

Figura 23 - População de bactérias x tempo

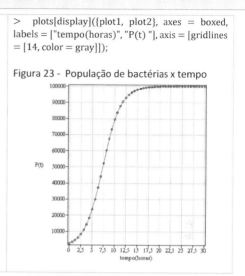

Exemplo 20

Ainda com relação ao Exemplo 19:
a) Determine quanto tempo leva para que a população atinja metade da capacidade máxima de suporte do ambiente.
b) Verifique se a população de bactérias se estabiliza em algum valor e, em caso afirmativo, determine qual é esse valor.

Além disso, para enriquecer o problema, pode-se considerar que a taxa de crescimento da população de bactérias pode ser afetada por fatores externos, como a disponibilidade de nutrientes e a presença de predadores. Nesse caso, pode-se adicionar termos adicionais à equação diferencial para modelar esses efeitos. Por exemplo, pode-se adicionar um termo de perda de bactérias devido à predação ou um termo que dependa da disponibilidade de nutrientes no ambiente. A seguir, vamos discutir o processo de resfriamento de Newton, que descreve como a temperatura de um objeto muda ao longo do tempo em resposta à diferença de temperatura entre o objeto e o meio ao seu redor.

A taxa de Resfriamento de Newton

As equações diferenciais são importantes para estudar processos que envolvem o resfriamento de Newton porque descrevem como uma grandeza varia ao longo do tempo em resposta a um conjunto de condições iniciais e forças externas. A equação diferencial fundamental que governa o resfriamento de Newton é conhecida como Lei do Resfriamento de Newton, uma equação diferencial ordinária de primeira ordem que descreve como a taxa de variação da temperatura de um objeto é proporcional à diferença entre a temperatura do objeto e a temperatura do ambiente circundante. Esta equação é dada por:

$$\frac{dT}{dt} = k(T - T_m)$$

em que, T é a temperatura do objeto, T_m é a temperatura ambiente, t é o tempo e k é uma constante de proporcionalidade que depende das propriedades do objeto e do ambiente. A solução dessa equação diferencial permite prever como a temperatura do objeto muda ao longo do tempo, o que é importante para muitos processos de engenharia, como o resfriamento de equipamentos, processos de refrigeração, aeronaves, motores de combustão interna etc. Por exemplo, a modelagem matemática do resfriamento de um motor de carro pode ajudar a determinar quanto tempo é necessário para esfriar o motor antes de se poder abrir o capô com segurança. Assim, equações diferenciais são importantes para o estudo do resfriamento de Newton, pois fornecem uma ferramenta matemática muito útil para descrever e prever o comportamento de sistemas complexos que envolvem o resfriamento de objetos. A seguir vamos discutir uma aplicação desse problema, com uma análise computacional realizada no Maplesoft.

Exemplo 21

Suponha, que um líquido colocado num béquer foi aquecido até a ebulição, quando atingiu a temperatura de 100° Celsius. Nesse instante, o béquer foi colocado sobre a bancada do laboratório, cuja temperatura ambiente era 29° Celsius. Passado 2 horas o líquido mediu a temperatura de 45° C. Faça um gráfico da temperatura em função do tempo, para que se possa ter uma compreensão de como o líquido vai se resfriando ao longo do tempo. Com base nisso, responda quanto tempo o líquido leva para atingir a temperatura ambiente.

Inicialmente, desenvolva o algoritmo de solução para o problema baseado no cálculo diferencial e integral, e posteriormente, resolva-o numa plataforma computacional para fornecer uma compreensão mais ampla do problema.

TREINAMENTO COMPUTACIONAL 19

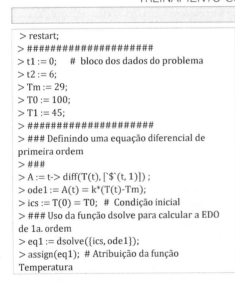

```
> restart;
> ####################
> t1 := 0;    # bloco dos dados do problema
> t2 := 6;
> Tm := 29;
> T0 := 100;
> T1 := 45;
> ####################
> ### Definindo uma equação diferencial de primeira ordem
> ###
> A := t-> diff(T(t), [`$`(t, 1)]) ;
> ode1 := A(t) = k*(T(t)-Tm);
> ics := T(0) = T0;   # Condição inicial
> ### Uso da função dsolve para calcular a EDO de 1a. ordem
> eq1 := dsolve({ics, ode1});
> assign(eq1);  # Atribuição da função Temperatura
```

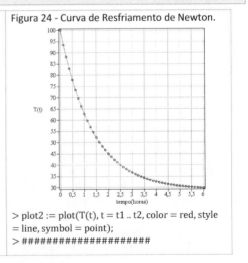

Figura 24 - Curva de Resfriamento de Newton.

```
> plot2 := plot(T(t), t = t1 .. t2, color = red, style = line, symbol = point);
> ####################
```

> T(t); > ### Escrevendo explicitamente a temperatura (T) em função do tempo (t) > T := t->29+71*exp(k*t); > ### Resolvendo a equação para encontrar a constante k > h := solve({T(2) = T1}, {k}); > assign(h); > evalf(k); > #################### > plot1 := plot(T(t), t = t1 .. t2, color = black, style = point, symbol = circle);	> plots[display]({plot1, plot2}, axes = boxed, labels = ["tempo(horas)", "T(t) "], axis = [gridlines = [14, color = gray]]); > #################### > restart; > ### Obtendo o tempo para a temperatura atingir a temperatura ambiente > Tm := 29; > T := t-> 29+71*exp((1/2)*ln(16/71)*t); > evalf(solve({T(t) = 29.1}, {t}));

A Figura 24 mostra o gráfico da curva de resfriamento de Newton obtida implementando-se o TREINAMENTO COMPUTACIONAL 19.

Sistema massa-mola

Um sistema muito importante em física e engenharia, que merece destaque, e que é também, um dos exemplos mais simples de aplicação de equações diferenciais, é o sistema massa-mola, que descreve o movimento de um corpo de massa, m, ligado a uma mola ideal, de constante elástica k, em resposta a uma força aplicada, F, numa configuração que é frequentemente utilizada em experimentos de laboratório de física, amplamente utilizada em engenharia para projetar amortecedores, suspensões e sistemas de absorção de choque. Veja a Figura 25, uma representação esquemática de um sistema massa-mola.

Figura 25 - Sistema massa-mola.

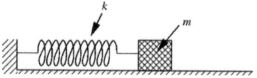

A equação diferencial que descreve o movimento do sistema massa-mola é dada por,

$$m\frac{d^2x}{dt^2} = -kx. \qquad (16)$$

Nesta equação, x é a posição da massa em relação ao seu ponto de equilíbrio, t é o tempo, e d^2x/d^2t, é a aceleração do objeto. A força, F, exercida pela mola, md^2x/d^2t, é proporcional ao deslocamento da massa em relação à sua posição de equilíbrio, e é dada por $F = -kx$, onde k é a constante elástica da mola. Os parâmetros que podem ser investigados incluem a posição, velocidade e aceleração da massa em função do tempo, bem como a energia total do sistema e a amplitude e frequência das oscilações do corpo de massa m. A solução da equação diferencial depende das condições iniciais do sistema, como a posição e a velocidade iniciais da massa. A solução pode ser encontrada analiticamente ou numericamente. A equação do movimento do sistema massa-mola é importante por inúmeros motivos, entre eles, porque permite prever a posição, velocidade e aceleração do sistema em qualquer momento do tempo, desde que se conheça as condições iniciais e a força que age sobre ele. Na física, o sistema massa-mola é um dos sistemas mais simples e fundamentais, sendo frequentemente utilizado para estudar o movimento oscilatório de um pêndulo simples, o movimento oscilatório observado em moléculas vibratórias e sistemas elétricos, como circuitos RLC. As equações diferenciais do sistema massa-mola também podem ser usadas para modelar fenômenos ondulatórios, como ondas sonoras e ondas eletromagnéticas, que são modelos muito úteis na física e na engenharia para descrever o comportamento de ondas em meios diferentes, como sólidos, líquidos e gases, apresentando um amplo grau de aplicabilidade. Na Física quântica, o sistema massa-mola também encontra aplicação, sendo utilizado em sistemas quânticos, como o oscilador harmônico quântico, que é usado para modelar a interação entre partículas subatômicas e campos quânticos. Outro exemplo importante baseado no sistema massa-mola é aquele para investigar e modelar as oscilações de um sistema de massa-mola em série, muito úteis na engenharia para descrever o comportamento de sistemas que se repetem em um padrão regular. Em muitos casos, um sistema massa-mola pode ser utilizado como uma boa aproximação para descrever o comportamento de sistemas diversos, que em geral, seriam bem mais difíceis de descrever, mas que, dentro de certas condições pré-definidas no problema, podem ser descritas por um sistema massa mola, tornando muito mais fácil o projeto e a análise de sistemas dinâmicos, como as estruturas de edifícios, pontes, máquinas e veículos, além de ser a base da análise de circuitos elétricos e sistemas de controle. Sistemas de múltiplas massas e molas são frequentemente usados para analisar o comportamento de sistemas estruturais complexos, como pontes suspensas, edifícios altos e outras estruturas. Por exemplo, em um prédio sujeito a ventos ou terremotos, a estrutura pode ser modelada como um sistema massa-mola, onde a massa representa a massa do edifício e as molas representam as conexões entre os andares. Ao resolver a equação diferencial do movimento para o sistema massa-mola, podemos entender melhor o comportamento do sistema e prever como ele irá responder a diferentes condições e forças externas. Isso pode ser útil, por exemplo, para projetar edifícios mais seguros ou sistemas de suspensão mais eficientes em veículos. Também, as equações diferenciais são usadas na análise de sistemas mecânicos, como em modelos de vibração de estruturas e engrenagens, e na previsão do comportamento de fluidos em sistemas hidráulicos e pneumáticos. Engenheiros podem usar equações diferenciais para modelar a distribuição de pressão e temperatura em um sistema de tubulação ou a velocidade do fluxo de um fluido através de uma turbina.

Exemplo 22

Considere um corpo de massa, m = 2 kg, preso a extremidade de uma mola, de constante elástica, k, que se encontra em equilíbrio na horizontal sobre o topo de uma mesa, e presa em sua outra extremidade em uma parede, tal como representado na Figura 25. Num determinado momento, o técnico do laboratório provoca uma distensão na mola, de 50 cm, e o corpo de massa, m, começa a oscilar em torno de uma posição de equilíbrio. No instante t = 2 segundos, o técnico verifica que a posição do corpo é de 30 cm, e precisa calcular a constante elástica, k, da mola, a partir desse resultado. Partindo da equação do movimento do sistema massa-mola, dado pela Eq. (16), encontre: (a) posição; (b) velocidade e (c) a aceleração do corpo de massa m. Analise todas as questões envolvidas, utilizando um sistema computacional algébrico.

TREINAMENTO COMPUTACIONAL 20

> restart;	Figura 26 – Posição em função do tempo
> #####################	
> ### Problema do sistema massa-mola	

```
> tmin := 0:
> tmax := 60
> ######################
> ###  Definindo uma equação diferencial de
> ###  Segunda ordem
> A := t->diff(x(t), [`$`(t, 2)]) ;
> ode1 := m*A(t) = -k*x(t) ;
> ics := x(0) = x0, (D(x))(0) = 0 ;
> eq1 := dsolve({ode1,ics}) ;
> assign(eq1) ;
> ######################
> x :=t->(1/2)*cos((1/2)*sqrt(2)*sqrt(k)*t) ;
> x(t) ;
> ######################
> v := -> diff(x(t), [$(t, 1)]) ;
> v(t) ;
> ######################
> a := -> diff(x(t), [$(t,2)]) ;
> a(t) ;
> ######################
> ###  Encontrar a constante elástica da mola
> x0 := .5 ;
> m :=2 ;
> h := solve({x(2) = .3}, {k}) ;
> assign(h) ;
> evalf(k) ;
> ######################
> ###  Gráfico da posição em função do tempo
> plot1 := plot(x(t), t = tmin .. tmax, color = black, style = point, symbol = circle)
> plot2 := plot(x(t), t = tmin .. tmax, color = red, style = line, symbol = point)
> plots[display]({plot1, plot2}, axes = boxed, labels = ["t(s)", "x(m) "], axis = [gridlines = [14, color = gray]], view = [tmin .. tmax, -1 .. 1]);
> ######################
> ###  Gráfico da velocidade em função do tempo
> plot3 := plot(v(t), t = tmin .. tmax, color = black, style = point, symbol = circle);
> plot4 := plot(v(t), t = tmin .. tmax, color = red, style = line, symbol = point);
> plots[display]({plot3, plot4}, axes = boxed, labels = ["t(s)", "v(m) "], axis = [gridlines = [14, color = gray]], view = [tmin .. tmax, -1 .. 1])
> ######################
> ###  Gráfico da aceleração em função do tempo
> plot5 := plot(a(t), t = tmin .. tmax, color = black, style = point, symbol = circle);
```

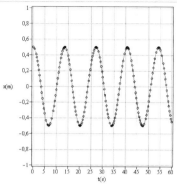

Figura 27 Velocidade em função do tempo

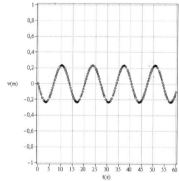

Figura 28 - Aceleração em função do tempo

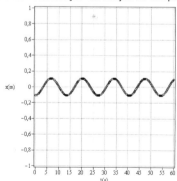

```
> plot6 := plot(a(t), t = tmin .. tmax, color = red, style = line, symbol = point);
```

Circuitos elétricos

Um outro exemplo comum de aplicação de equações diferenciais na física e na engenharia é na modelagem de circuitos elétricos. Analogamente, as equações diferenciais do sistema massa-mola podem ser usadas para modelar circuitos elétricos que incluem capacitores e indutores, como em osciladores eletrônicos. Nesses casos, a mola é substituída por um componente elétrico, como um capacitor ou indutor, e a massa é substituída por um componente que armazena carga elétrica, como um capacitor ou bateria. As equações diferenciais podem ser usadas para descrever como a corrente e a tensão variam ao longo do tempo, permitindo que os engenheiros projetem e analisem circuitos complexos. Uma equação diferencial descreve o comportamento dinâmico de um sistema em termos de suas variáveis de estado e suas derivadas. Em um circuito RLC, resistor-indutor-capacitor, a equação diferencial que descreve o comportamento da corrente elétrica é dada por:

$$\frac{d^2 i}{dt^2} + \frac{R}{L}\frac{di}{dt} + \frac{1}{LC}i = V, \tag{17}$$

onde L é a indutância do circuito, R é a resistência, C é a capacitância, i é a corrente elétrica que flui através do circuito, e V é a tensão aplicada ao circuito. Essa equação diferencial é uma equação de segundo ordem e pode ser resolvida por técnicas de cálculo diferencial, e aqui, nesse livro estamos interessados em resolvê-la usando métodos computacionais oferecidos pelos sistemas computacionais modernos. Se a frequência da tensão aplicada for maior que a frequência de ressonância do circuito, a corrente elétrica é dominada pela capacitância do circuito. Na frequência de ressonância, a corrente elétrica é máxima e a impedância do circuito é mínima. Assim, podemos analisar o comportamento do circuito RLC em função dos valores de L, R e C e da forma da tensão aplicada. Esse circuito é utilizado em diversas aplicações práticas, como em filtros de sinais, osciladores e amplificadores. O circuito RLC é um bom exemplo de um problema que pode ser usado para testar as capacidades dos sistemas computacionais algébricos, pois apresenta desafios matemáticos complexos que podem ser resolvidos com o uso desses sistemas. Os sistemas computacionais algébricos, como os softwares de álgebra computacional, são capazes de resolver equações diferenciais que descrevem o comportamento do circuito RLC. Essas equações são geralmente complexas e envolvem operações matemáticas que podem ser difíceis de realizar manualmente. Ao resolver as equações diferenciais do circuito RLC, podemos obter informações importantes sobre o comportamento do circuito, como a frequência de ressonância, a amplitude da resposta em frequência e a atenuação do sinal. Essas informações são úteis para projetar e otimizar o circuito para uma determinada aplicação.

Exemplo 23

Considere um circuito elétrico composto por um resistor de resistência, R = 5 Ω, um capacitor de capacitância, C = 0.001 F, e um indutor de indutância, L = 0.25 H, conectados em série. Partindo da Eq. (17), e supondo que, no instante inicial existe uma carga total no circuito, Q_0 = 7.5 C, e nenhuma tensão ou correntes no circuito. Analise a resposta natural do sistema, e obtenha o gráfico da carga em função do tempo, Q(t), e a corrente em função do tempo, i(t).

TREINAMENTO COMPUTACIONAL 21

```
> restart;
> ####################
> A := t-> diff(Ic(t), [`$`(t, 2)]) ;
> B := t-> diff(Ic(t), [`$`(t, 1)]) ;
> ode1 := A(t)+R*B(t)/L = -Ic(t)/(L*C) ;
> Ic := t-> diff(q(t), [`$`(t, 1)]) ;
> ode1 ;
```

```
> plots[display]({plot3, plot4}, axes = boxed,
labels = ["tempo(segundos)", "Ic(A) "], axis =
[gridlines = [14, color = gray]]);
```

Figura 29 – Carga em função do tempo, Q(t) x t

```
> C:=t->diff(q(t),[`$`(t,2)]);
> F:=t->diff(q(t),[`$`(t,1)]);
> ode2 := C(t)+R*F(t)/L = -q(t)/(L*C);
> ics := q(0) = Q0, (D(q))(0) = 0;
> eq1 := dsolve({ics, ode2});
> assign(eq1);
> q := t-> (1/2)*Q0*(C*R^2+R*sqrt(C^2*R^2-
4*L*C)-4*L)*exp(-(1/2)*(C*R-sqrt(C^2*R^2-
4*L*C))*t/(L*C))/(C*R^2-4*L)+(1/2)*(C*R^2-
R*sqrt(C^2*R^2-4*L*C)-4*L)*Q0*exp(-
(1/2)*(C*R+sqrt(C^2*R^2-
4*L*C))*t/(L*C))/(C*R^2-4*L);
> #####################
> R := 5;
> C := 0.1e-2;
> L := .25;
> Q0 := 7.5;
> #####################
> t1 := 0;
> t2 := .5;
> with(plots)
> plot1 := plot(q(t), t = t1 .. t2, color = black,
style = point, symbol = circle);
> plot2 := plot(q(t), t = t1 .. t2, color = red, style
= line, symbol = point);
> plots[display]({plot1, plot2}, axes = boxed,
labels = ["tempo(segundos)", "q(C) "], axis =
[gridlines = [14, color = gray]]);
> plot3 := plot(Ic(t), t = t1 .. t2, color = black,
style = point, symbol = circle)
> plot4 := plot(Ic(t), t = t1 .. t2, color = red, style
= line, symbol = point);
```

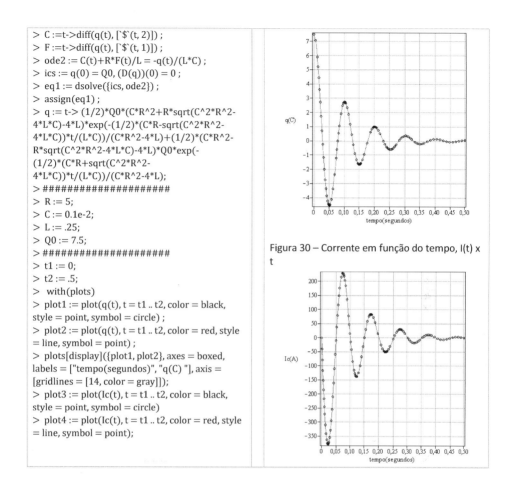

Figura 30 – Corrente em função do tempo, I(t) x t

Ondas numa corda

Nessa seção vamos estudar um tópico muito importante na física, as ondas que se propagam numa corda. O entendimento do comportamento dessas ondas é descrito através de equações diferenciais parciais, que descrevem a relação entre a posição da corda e o tempo. A equação diferencial parcial usada para descrever ondas em uma corda é a equação também conhecida como equação de onda, dada por:

$$\frac{d^2u(x,t)}{dt^2} = v^2 \frac{d^2u(x,t)}{dx^2}, \qquad (18)$$

onde $u(x,t)$ é a função de onda que descreve a posição da corda em relação ao tempo t e à posição x, e v é a velocidade de propagação da onda. A equação de onda descreve como a forma da onda evolui ao longo do tempo. Para resolver essa equação, são necessárias condições iniciais e condições de contorno. As condições iniciais definem a forma da onda inicialmente, enquanto as condições de contorno estabelecem como a onda se comporta nas extremidades da corda. Vamos

62

considerar um exemplo para ilustrar o uso das equações diferenciais na descrição de ondas em uma corda.

Exemplo 24

Como projeto computacional a desenvolver, obtenha graficamente, os modos normais de vibração de uma corda vibrante ($n = 1, 2, 3$ e 4), para vários instantes de tempo, supondo que temos uma corda esticada em uma dimensão (unidimensional) entre duas extremidades fixas. Inicialmente, a corda é perturbada em uma posição específica e é liberada para vibrar. A condição inicial pode ser definida como, $u(x, 0) = f(x)$, e $du(x, t)/dt|_{t=0} = g(x)$, onde $f(x)$ é uma função que descreve a perturbação inicial da corda e representa a velocidade inicial. Além disso, as condições de contorno podem ser definidas como, $u(0, t) = u(L, T) = 0$, onde L é o comprimento da corda, sendo $x = 0$ e $x = L$, as extremidades fixas da corda. Isso significa que as extremidades da corda estão fixas e não podem se mover. Encontre a equação que descreve esse movimento, para variadas propostas iniciais de $f(x)$ e $g(x)$. Construa animações mostrando os resultados obtidos.

A solução da equação de onda para esse exemplo específico resultaria na descrição da forma da onda em qualquer ponto da corda em relação ao tempo. Essa solução fornece informações sobre como a perturbação inicial se propaga ao longo da corda e como a amplitude e a forma da onda podem mudar ao longo do tempo. O objetivo deste projeto é incentivar a realização de uma pesquisa inicial sobre um determinado tema e compreender as possíveis aplicações envolvidas. Essa pesquisa inicial desempenha um papel fundamental na construção de um entendimento sólido do trabalho computacional que será realizado posteriormente. Ao realizar a pesquisa inicial, podemos explorar o tema em questão, identificar as principais áreas de aplicação e compreender como o tema se relaciona com a computação. Pode-se por exemplo, estudar exemplos de projetos anteriores ou casos de uso em que o tema tenha sido aplicado com sucesso. Isso ajudará a ampliar nosso conhecimento sobre as possibilidades e os desafios relacionados ao tema. Além disso, ao buscar compreender as aplicações possíveis, podemos analisar as limitações e os problemas que podem surgir ao trabalhar com o tema em um contexto computacional. Isso permitirá que nos preparemos melhor para lidar com essas questões durante o desenvolvimento do trabalho, e que obtenhamos soluções baseadas em informações precisas e eficazes.

Projetos computacionais em arqueologia

Na arqueologia, as equações diferenciais podem ser usadas para modelar a idade de objetos e fósseis com base em sua taxa de decomposição ao longo do tempo, e auxiliar na compreensão de como se dá a deterioração de artefatos e estruturas antigas. A solução da equação diferencial pode fornecer uma previsão da vida útil restante do material, ajudando os arqueólogos a tomar decisões sobre como preservá-lo para as gerações futuras. Além disso, as equações diferenciais também podem ser usadas para modelar o crescimento demográfico de populações antigas e as mudanças na distribuição de recursos, como água e alimentos, ao longo do tempo. Isso pode ajudar a entender melhor as dinâmicas sociais e econômicas de sociedades antigas e como elas foram impactadas por eventos como secas, epidemias e guerras. De um modo geral, as equações diferenciais são uma ferramenta valiosa para os arqueólogos, pois ajudam a modelar e entender como diferentes processos evoluíram ao longo do tempo, fornecendo informações valiosas para a preservação e compreensão da história humana. Como proposta de exercício computacional propomos a solução de problemas em arqueologia, para explorar a capacidade de formular um problema, pesquisar sobre o assunto, levantar dados que sejam interessantes para a modelagem do problema e treinar habilidades que são importantes para pensarmos computacionalmente.

Exemplo 25

Uma aplicação comum de equações diferenciais na arqueologia é na modelagem da decomposição de materiais antigos, como madeira, ossos ou cerâmicas. Estes materiais desintegram-se ao longo do tempo devido a vários fatores, como temperatura, umidade, acidez do solo, entre outros. Considere que um arqueólogo encontrou uma amostra de um fóssil em um sítio arqueológico e quer determinar a idade da amostra. Analisando seu material, o arqueólogo conclui que a amostra contém 20% do carbono-14 encontrado em uma amostra viva. Supondo que a taxa de decaimento do carbono-14 seja constante, e que a meia-vida do carbono-14 seja de 5.700 anos, calcule a idade da amostra.

Para entendermos melhor a proposta do exercício, se você não for um especialista na área, uma pesquisa inicial será necessária realizar. O carbono-14 é um isótopo radioativo de carbono que é produzido na atmosfera superior pela interação de raios cósmicos com o nitrogênio. Para resolver esse problema, pode-se usar uma equação diferencial que descreva o decaimento radioativo do elemento carbono-14, presente no material. A solução dessa equação pode ser usada para prever a quantidade de material restante após um determinado período, o que pode ser útil para estimar a idade dos artefatos arqueológicos. O objetivo desse exercício é explorar sua capacidade de pesquisar sobre o assunto, coletar dados relevantes para a modelagem do problema e desenvolver habilidades importantes para o pensamento computacional, como descrito em detalhes na Tabela 3.

QRCode 5 - Datação por Radiocarbono e Arqueologia (73).

Tabela 3 - Passos para o desenvolvimento do pensamento computacional

Passos	Descrição
1	Realize pesquisas detalhadas sobre o problema, e consulte livros, artigos científicos, relatórios arqueológicos e outras fontes confiáveis para obter informações relevantes. Procure compreender as técnicas e metodologias arqueológicas utilizadas para abordar o problema.
2	Com base em sua pesquisa, identifique as principais questões a serem abordadas e defina os objetivos da solução proposta. Certifique-se de que o problema seja viável e abordável dentro do escopo deste exercício.
3	Determine quais dados são necessários para realizar a modelagem do problema. Certifique-se de documentar a fonte dos dados e avaliar sua confiabilidade.
4	Desenvolva um modelo ou algoritmo que represente a estrutura do problema. Pense em como os dados podem ser processados, quais cálculos ou análises são necessários e como os resultados podem ser interpretados.
5	Realize a implementação computacional, utilizando uma plataforma computacional de sua preferência para implementar o modelo ou algoritmo desenvolvido. Organize o

	código de forma clara e documentada, facilitando a compreensão e a reutilização posterior.
6	Execute o programa com diferentes conjuntos de dados e valide os resultados obtidos. Verifique se a solução está correta e se atende aos objetivos definidos anteriormente. Considere também a eficiência do algoritmo e possíveis melhorias.
7	Documente todo o processo de resolução do problema em um relatório. Descreva o contexto do problema, as etapas de pesquisa realizadas, os dados coletados, o modelo desenvolvido e os resultados obtidos. Apresente também uma reflexão sobre as dificuldades encontradas, as lições aprendidas e possíveis melhorias ou extensões para o trabalho.
8	Depois de concluído o projeto, faça uma lista de possíveis outras questões que não foram abordadas no projeto e que poderiam ser tratadas numa oportunidade futura

As equações diferenciais também têm aplicações interessantes para modelar o crescimento demográfico de populações antigas e as mudanças na distribuição de recursos ao longo do tempo. Em particular, a dinâmica populacional pode ser descrita por meio de uma equação diferencial de densidade populacional. Uma solução comum para esse tipo de equação é a equação logística, que é capaz de representar o crescimento populacional ao longo do tempo e em diferentes localidades. Com essa abordagem, é possível obter insights valiosos sobre as interações entre a população antiga e seu ambiente, bem como entender como fatores como disponibilidade de recursos afetaram o crescimento populacional e a distribuição espacial ao longo dos anos. Esses modelos matemáticos auxiliam os arqueólogos na interpretação dos dados e fornecem uma visão mais abrangente e quantitativa das sociedades antigas.

Exemplo 26

Como a equação logística pode ser aplicada para modelar o crescimento populacional de uma antiga civilização com base em dados qualitativos sobre a disponibilidade de recursos e outros fatores socioeconômicos?"

Essa questão propõe explorar como a equação diferencial logística pode ser utilizada para analisar e compreender os padrões de crescimento demográfico de uma sociedade antiga, levando em consideração informações qualitativas sobre a disponibilidade de recursos, fatores socioeconômicos e outros aspectos relevantes. Ao formular essa questão, busca-se compreender como a aplicação de uma equação diferencial pode ajudar a elucidar os processos demográficos e a dinâmica populacional em um contexto arqueológico específico. A análise desta equação pode fornecer informações valiosas sobre as dinâmicas populacionais em sítios arqueológicos, permitindo estimativas sobre o tamanho da população ao longo do tempo e a capacidade do ambiente em suportar a vida humana.

* * *

Equações difusionistas em arqueologia são usadas para modelar a propagação de características culturais ou tecnológicas em uma área geográfica. Essas equações são geralmente baseadas na equação de difusão, que é uma equação diferencial parcial que descreve como um certo fenômeno se espalha ao longo do tempo. Matematicamente, a equação de difusão pode ser escrita como:

$$\frac{dC}{dt} = D\nabla^2 C, \tag{19}$$

onde C é a concentração do fenômeno em uma determinada região, t é o tempo, D é o coeficiente de difusão e ∇^2 é o operador Laplaciano, que descreve a taxa de variação espacial da concentração. Essa equação pode ser usada para modelar a difusão de práticas culturais ou tecnológicas, como técnicas de agricultura ou fabricação de ferramentas, em uma determinada região. O coeficiente de difusão pode ser determinado com base em fatores como a distância entre as comunidades, a conectividade entre elas e a resistência cultural ou geográfica. Ao resolver a equação de difusão, é possível prever como o fenômeno se espalhará ao longo do tempo e como a concentração em cada ponto da região mudará. Essas previsões podem ser comparadas com evidências arqueológicas para testar a validade do modelo e para obter insights sobre a difusão de práticas culturais ou tecnológicas no passado.

Exemplo 27

Estudando a Dispersão Populacional Humana usando um Modelo de Difusão. Um problema interessante é estudar a dispersão populacional humana usando um modelo de difusão. O objetivo é analisar como a população se espalha ao longo do tempo em uma determinada região, considerando fatores como migração, taxa de natalidade, mortalidade e interações sociais.

Etapas de Solução:

Definição do domínio: Escolha uma região geográfica de interesse para o estudo da dispersão populacional. Isso pode ser um país, uma cidade ou qualquer outra área de interesse. Defina as fronteiras e as características físicas relevantes do domínio, como topografia, recursos naturais e infraestrutura.

QRCode 6 – Modelo de difusão populacional humano.

Formulação do modelo de difusão: Desenvolva um modelo matemático de difusão que descreva a dispersão populacional. Isso envolve a definição de variáveis relevantes, como densidade populacional, taxa de difusão e parâmetros demográficos. Uma equação de difusão pode ser utilizada para modelar o processo de dispersão.

Implementação numérica: Utilize uma ferramenta de computação para implementar o modelo de difusão. A implementação deve levar em consideração as condições iniciais e de contorno relevantes.

Definição dos parâmetros: Escolha valores apropriados para os parâmetros do modelo, como taxa de difusão, taxa de natalidade, taxa de mortalidade e taxas de migração. Esses parâmetros podem ser baseados em dados demográficos reais ou podem ser estimados de acordo com o contexto do problema.

Simulação e análise dos resultados: Execute a simulação do modelo de difusão ao longo do tempo e analise os resultados obtidos. Isso pode incluir a visualização da dispersão populacional em mapas, a identificação de áreas de maior concentração populacional, o cálculo de métricas demográficas relevantes e a comparação com dados reais, quando disponíveis.

Sensibilidade e validação: Realize análises de sensibilidade para verificar como diferentes parâmetros afetam os padrões de dispersão populacional. Além disso, compare os resultados simulados com dados reais ou estudos anteriores para validar o modelo e ajustar os parâmetros, se necessário.

Pesquise valores típicos para desenvolver a aplicação.

Ao realizar esse projeto, você exercitará habilidades essenciais para o desenvolvimento do pensamento computacional, como a capacidade de formular problemas, realizar pesquisas, coletar e analisar dados, modelar problemas complexos e implementar soluções computacionais. Além disso, esse exercício permitirá que você explore a interseção entre a tecnologia e a arqueologia, mostrando como a computação pode contribuir para a compreensão e o avanço nessa área de estudo.

Vibrações em uma membrana circular

O problema de encontrar o movimento de vibração de uma membrana circular é um desafio interessante que permite desenvolver habilidades computacionais valiosas. Ele envolve a solução de equações diferenciais parciais e requer a implementação de algoritmos eficientes para obter resultados precisos. Além disso, explorar as aplicações desse problema pode proporcionar uma compreensão mais profunda de fenômenos físicos, bem como a capacidade de simular e analisar o comportamento vibratório de estruturas circulares.

QRCode 7 – Exercícios sobre Membrana circular

Exemplo 28

Dado um raio R e uma função de deslocamento radial u(r, t) que descreve as vibrações em uma membrana circular de raio R, queremos determinar a função u(r, t) que satisfaça a equação da onda em coordenadas polares:

$$\frac{\partial^2 u(x,t)}{\partial t^2} = c^2 \frac{\partial^2 u(x,t)}{\partial x^2} + \frac{1}{r}\frac{\partial u(x,t)}{\partial r}, \qquad (20)$$

onde c é a velocidade da onda na membrana. Considere condições de contorno adequadas para a membrana circular:
1. Condição de contorno radial: u(R, t) = 0 para todo t.
2. Condição de contorno inicial: u(r, 0) = f(r) para $0 \leq r \leq R$, onde f(r) é uma função dada que descreve as condições iniciais das vibrações.

Pesquise valores típicos para implementação do problema.
a) Usando o sistema computacional de sua preferência:
b) Definir as variáveis e parâmetros relevantes, como r, t, R, c.

c) Definir a função desconhecida u(r, t) e a função inicial f(r).
d) Escrever a equação diferencial parcial e as condições de contorno.
e) Resolver a equação diferencial parcial, especificando as condições de contorno.
f) Obter a solução u(r, t) e, se necessário, plotar gráficos ou extrair informações adicionais da solução.
g) Construir animações mostrando o movimento das vibrações na membrana.

Ao realizar esse exercício, você poderá aprimorar suas habilidades computacionais, incluindo a programação em sistemas computacionais algébricos, ou outros, a implementação de métodos analíticos ou numéricos e a visualização e análise de resultados. Além disso, você ganhará uma compreensão mais aprofundada dos modos de vibração em sistemas mecânicos e da importância dos métodos computacionais na solução de problemas complexos da engenharia.

Aparelhos para calcular esquisitos de usar

Com base nos estudos anteriores sobre equações diferenciais e sistemas de computação algébrica, podemos compreender facilmente a enorme dificuldade que os matemáticos, no século XIX, antes do advento dos computadores eletrônicos modernos, enfrentavam ao resolver problemas envolvendo equações diferenciais, pois nessa época, os matemáticos dependiam principalmente de métodos analíticos, que, em geral, envolviam manipulações algébricas complexas, sendo, a obtenção de soluções exatas uma tarefa extremamente desafiadora. Além disso, muitas equações diferenciais nem sequer possuíam soluções analíticas exatas, exigindo o desenvolvimento de técnicas aproximadas, nem sempre satisfatórias. O tempo e o esforço necessários para obter soluções precisas para equações diferenciais complexas eram imensos, uma vez que, os cálculos precisavam ser realizados manualmente, envolvendo longas e trabalhosas manipulações algébricas. Por essa razão, encontramos diversas pesquisas sobre soluções de equações diferenciais usando dispositivos mecânicos, tendo sido criado toda sorte de dispositivos inteligentes que se pode imaginar, para ajudar os cientistas a trabalhar com as necessidades matemáticas daquela época. Na maior parte das vezes, estes dispositivos tinham aparência estranha, e eram construídos à base de grandes cilindros, discos e globos, assumindo nomes mais estranhos ainda, tais como planímetros e alguns, multi-silábicos, como os integradores lineares. Há centenas de invenções em toda a parte da Europa e Estados Unidos, e é difícil precisar exatamente a contribuição de cada inventor, pois muitos são imitadores que fazem alguma pequena contribuição, maior ou menor. Sabe-se que, em 1836, o físico francês Gaspard-Gustave Coriolis projetou um dispositivo mecânico capaz de integrar equações diferenciais de primeira ordem. Também, na década de 1860, o engenheiro escocês chamado James Thomson, foi um pouco além, e publicou a descrição de um dispositivo capaz de integrar equações diferenciais de qualquer ordem, inventando assim, um planímetro com um chamado integrador de disco, globo e cilindro que podia medir a área delineada no papel por meio de uma simples curva irregular. Um planímetro é um instrumento de medição usado para determinar a área de uma forma bidimensional arbitrária. Em outras palavras, o planímetro traça uma curva com um ponto de agulha conectado a uma roda de medição que converte o comprimento do traçado no resultado

QRCode 8 – Integrador de James Thomson.

de uma função integral. Outro planímetro foi construído em 1854, pelo matemático suíço Jakob Amsler-Laffon, tendo o conceito do dispositivo sido introduzido pelo agrimensor bávaro, Johann Martin Hermann, em 1814. De fato, são muito frequentes as situações práticas em que uma pessoa precisa medir a área de um espaço bidimensional delimitada por uma curva fechada. Algumas dessas situações práticas que motivam o desenvolvimento de toda e qualquer geringonça que auxiliem nessas medições, são apontadas a seguir:

(1) Na época das máquinas a vapor, empregava-se um dispositivo que era capaz de registrar mudanças de pressão dentro da máquina, e assim, monitorava mudanças, ajudando os operadores a concluir se a máquina apresentava algum risco de quebrar ou se estava consumindo combustível de forma ineficiente. As leituras realizadas no método empregado geravam padrões de diagramas curvos, e para concluir algo a respeito do funcionamento da máquina, era necessário medir a área da imagem fornecida.

(2) Cartógrafos desenham mapas topográficos que mostram os contornos de diferentes elevações, ou tentam representar partes da paisagem com limites irregulares, como florestas.

(3) Profissionais de medicina podem precisar medir uma imagem de um tumor ou órgão interno.

(4) Biólogos observam fenômenos naturais de formas irregulares, como as partes de plantas ou animais.

Embora existam inúmeras aplicações que produzem desenhos de áreas curvas, é facilmente compreendido, que não é fácil medir essas áreas. Historicamente, as pessoas dividiam uma área curva em retângulos e triângulos, cujas áreas podiam ser calculadas, e então somavam todas as partes. Como é fácil perceber, isso era demorado e impreciso, e de toda forma, ineficiente, razão pela qual, matemáticos e fabricantes de instrumentos matemáticos continuaram tentando criar máquinas que medisse automaticamente a área de uma curva.

Exemplo 29

Construa um algoritmo para calcular a área de uma figura plana irregular usando um plano cartesiano e as coordenadas dos pontos do contorno. O algoritmo deve seguir as etapas a seguir:

Etapas	Explicação
Defina a figura	Determine as coordenadas dos pontos que formam o contorno externo da figura plana irregular.
Calcule a área	Implemente um algoritmo que utilize as coordenadas para calcular a área da figura. Você pode usar o algoritmo de Shoelace, também conhecido como método do polígono orientado, para calcular a área. O algoritmo consiste em percorrer os pontos em sentido horário ou anti-horário e calcular a soma dos produtos das coordenadas adjacentes. A área é metade do valor absoluto dessa soma.
Exiba a área	Após calcular a área, exiba o resultado para o usuário.
Teste o algoritmo	Teste o algoritmo com diferentes figuras planas irregulares para verificar se ele fornece as áreas corretas.

Lembrando que esse é um exercício para simular o cálculo de área com base nas medidas obtidas ao longo do contorno de uma figura, similar ao funcionamento de um planímetro. O algoritmo não envolve o uso físico do instrumento, mas reproduz o processo de medição e cálculo de área que um planímetro realizaria. Ao construir o algoritmo, você pode escolher a linguagem de programação que preferir e adaptar as etapas de acordo com a estrutura da linguagem escolhida. Isso ajudará a entender melhor o processo de cálculo de área e a aplicação prática do planímetro em um contexto computacional.

Exemplo 30

Um proprietário de terras possui um terreno cuja forma é irregular, definida pelo seu contorno externo. Ele deseja saber a área desse terreno para realizar cálculos relacionados à sua propriedade. Utilizando um planímetro, determine a área do terreno. Este problema desafia a capacidade de utilizar um planímetro para medir a área de um terreno irregular, fornecendo ao proprietário uma estimativa da extensão de sua propriedade. A precisão da medida depende da precisão do instrumento, da habilidade do operador em manuseá-lo e das características do terreno em si.

Existem planímetros virtuais disponíveis na internet que podem ser utilizados para praticar medições de áreas. Esses planímetros virtuais simulam o funcionamento de um planímetro físico, permitindo que medições possam ser realizadas e assim obter estimativas da área de figuras planas irregulares. Essas ferramentas virtuais geralmente possuem uma interface interativa que permite ao usuário desenhar o contorno da figura ou inserir as coordenadas dos pontos que formam o contorno. Com base nas medidas fornecidas, o planímetro virtual calcula a área correspondente. Uma maneira de encontrar planímetros virtuais é pesquisar na internet por termos como "planímetro online" ou "planímetro virtual". Dessa forma, você poderá encontrar diferentes opções disponíveis que podem ser usadas para exercícios de medição de áreas. Ao utilizar um planímetro virtual, podemos praticar habilidades de medição, experimentar diferentes figuras irregulares e comparar as áreas estimadas com soluções conhecidas. Ao trabalhar com um planímetro virtual, somos incentivados a pensar de forma algorítmica para resolver o problema de medição da área, sendo necessário planejar uma sequência de passos lógicos para utilizar o planímetro virtual de forma eficiente para obter a medida desejada. Isso estimula o pensamento estruturado e a habilidade de decompor um problema em etapas menores. Ao utilizar um planímetro virtual, os podemos visualizar de forma interativa as figuras planas irregulares e as medidas obtidas. Isso ajuda a desenvolver habilidades de visualização de dados e a compreensão de representações gráficas. Os alunos podem explorar diferentes figuras, modificar suas formas e observar como as medidas afetam a área estimada. Isso promove a capacidade de analisar e interpretar dados visuais. Ao trabalhar com medição de áreas utilizando planímetros virtuais, os alunos são desafiados a resolver problemas reais e aplicar conceitos matemáticos na prática. Eles precisam analisar a figura, considerar suas características, escolher o ponto de partida adequado e obter uma medida de área confiável. Essa prática fortalece habilidades de resolução de problemas, raciocínio lógico e tomada de decisão. Ao utilizar um planímetro virtual, os alunos têm a oportunidade de integrar o uso da tecnologia em sua aprendizagem. Eles aprendem a navegar em uma ferramenta online, interagir com interfaces digitais e utilizar recursos computacionais para resolver problemas matemáticos. Isso promove a adaptação ao uso de tecnologia em diferentes contextos. Em resumo, os exercícios de medição de áreas com planímetros virtuais auxiliam no desenvolvimento de habilidades computacionais, como o pensamento algorítmico, a prática de programação, a visualização de dados, a resolução de problemas e a integração de tecnologia. Essas habilidades são valiosas para os alunos em um mundo cada vez mais digital e tecnologicamente orientado.

O Analisador Diferencial Teórico de Lord Kelvin

O irmão mais novo de James Thomson, o grande físico e matemático britânico William Thomson, também chamado, de primeiro barão Kelvin (1824-1907), ou ainda, Lord Kelvin, tinha um talento notável para a matemática e ciências, e logo percebeu que todas aquelas geringonças encontradas em sua época para auxiliar o cálculo, tais como, réguas de cálculo, planímetros, integradores de bola e disco etc., todos, continham em si, as sementes de máquinas muito mais poderosas. Era como se sua mente pudesse prever todas as potencialidades que aquela engenhosidade seria capaz de produzir. A criatividade humana tem sido uma força motriz para o progresso ao longo da história. Mentes inovadoras são capazes de visualizar soluções únicas para os desafios que enfrentamos e criar tecnologias, produtos e serviços que mudam nossas vidas. Lord Kelvin compreendia que, resolver equações diferenciais ia muito além das esquisitices de um gênio, mas tinha um papel fundamental na vida prática de milhões de pessoas, podendo, por exemplo, entre muitas outras coisas, prever um determinado fenômeno da natureza, de modo que, se a previsão ocorresse com o tempo de antecedência adequado, seria possível tomar as providências de emergência necessárias para se evitar grandes catástrofes, e salvar vidas. O preditor de maré desenvolvido por Lord Kelvin é um dispositivo utilizado para calcular as alturas das marés em um determinado local e em momentos específicos, levando em consideração diversos fatores, como a influência gravitacional da Lua e do Sol, a topografia do local e as correntes oceânicas, e foi muito útil para as pessoas que viviam em regiões costeiras ou áreas sujeitas a riscos relacionados às marés. Essas regiões costumam enfrentar desafios como inundações, erosão costeira e outros eventos relacionados às marés, que podem representar perigos para a segurança das comunidades locais. Ao fornecer previsões precisas das marés, o preditor de maré permitia que as pessoas que viviam nessas áreas se preparassem adequadamente para as mudanças nas condições do mar. Isso possibilitava a tomada de medidas preventivas, como evacuações antecipadas, fortificação de estruturas costeiras, proteção de propriedades e outros esforços para minimizar os riscos e impactos das marés altas ou tempestades. Além disso, as previsões precisas das marés também auxiliavam na atividade pesqueira, na agricultura costeira e em outras atividades econômicas dependentes do mar. As pessoas que dependiam dessas atividades podiam usar as informações do preditor de maré para planejar suas operações de forma mais eficiente, evitando riscos desnecessários e aproveitando ao máximo as condições favoráveis. Portanto, o preditor de maré de Lord Kelvin teve um papel importante na proteção e no auxílio às pessoas que viviam em regiões de risco, proporcionando-lhes informações valiosas para lidar com os desafios e perigos associados às marés. Hoje temos essas informações em frações de segundos usando os nossos smartphones, mas na época de Kelvin, isso

QRCode 9 - Analisador diferencial de Lord Kelvin.

era um grande problema, que ocupava a mente de todos aqueles que lidavam no dia a dia com o medo e a incerteza, de que, algum rompimento destruísse as construções no entorno das aéreas de risco. Kelvin pensava que, talvez, a invenção de seu irmão, James, pudesse ser usada para outras finalidades também, além daquelas imaginadas incialmente por seu irmão, e, a partir dessa linha de raciocínio, ele construiu três máquinas de calcular para fins especiais. A primeira, era um indicador de maré, a segunda, era um analisador harmônico de maré, e a terceira, era um preditor de marés. Esta última construída entre 1872 e 1873. O preditor de maré de Kelvin empregava diversos integradores de bola e disco, calculava o tempo e a altura das marés vazantes e das enchentes para qualquer dia do ano e foi considerada uma das primeiras calculadoras analógicas automáticas. Kelvin, frequentemente dizia que o bronze substituía o cérebro no grande trabalho mecânico de calcular. Como resultado de todo seu trabalho, Kelvin percebeu que um Analisador Diferencial, realmente, capaz de resolver equações diferenciais, era teoricamente possível, e publicou essa ideia em um notável artigo no Proceedings of the Royal Society, em 1876. Neste trabalho, Lord Kelvin revela que havia tempo que se esforçava para obter um meio de facilitar sua solução prática. Infelizmente, todavia, a tecnologia da época não estava à altura de seu talento e de seu intelecto, e não foi até 1930, que um Analisador Diferencial, foi de fato, construído, por um engenheiro, que alegou não conhecer o trabalho de Kelvin, pelo menos, até ele construir seu próprio analisador. O inventor foi Vannevar Bush (1890-1974), um professor de engenharia no MIT.

Estabilidade em uma linha de transmissão

Grandes desenvolvimentos na ciência e na tecnologia só acontecem quando há uma motivação muito forte para que aquilo realmente aconteça. Lord Kelvin trabalhava com problemas matemáticos associados às marés, um problema de grande relevância naqueles dias na Grã-Bretanha, principalmente, para uma nação insular que podia ser invadida pelas águas a qualquer momento. Também, a natureza pesada do trabalho de cálculo de impostos de Blaise Pascal com seu pai, Etienne Pascal, na França, no século XVII, também o levou a imaginar as ricas possibilidades de uma máquina de calcular. Isso também aconteceu com Charles Babbage em meados do século XIX, na Inglaterra, um matemático que anteviu uma série de possibilidades e invenções. O primeiro analisador diferencial de uso geral foi efetivamente construído por Harold Locke Hazen e Vannevar Bush, no MIT, Massachusetts Institute of Technology, por volta de 1927 e 1928. Mas o Analisador Diferencial de Bush não foi assim construído, como uma inspiração que surge assim de um dia para o outro. Não. Definitivamente não. Bush, muito tempo antes, vinha envolvido em pesquisas em que tinha que resolver muitas equações diferenciais em seu trabalho, em problemas relacionados às redes de energia elétrica, investigando, mais precisamente, problemas relacionados a falhas e apagões, em que o volume de cálculo necessário para resolver esse tipo de problema é imenso, e sem computação eletrônica, poderíamos dizer que é praticamente impossível. Bush se via numa situação delicada naquela época, e se via completamente estagnado, porque não conseguia resolver as equações que os estudos que fazia o levavam. Assim, juntamente com outro engenheiro elétrico, Ralph Booth, ambos, após meses de trabalho, conseguiram resolver um problema de estabilidade em uma linha de transmissão, e por fim, produziram gráficos e tabelas, e todos estavam muito satisfeitos com os resultados. Entretanto, um estudo posterior, mostrou que a linha de transmissão proposta por Bush e Booth, não era estável como se pensavam, o que acarretou um enorme constrangimento, resultando num desconforto geral muito grande, uma vez que a linha tinha sido projetada por engenheiros de uma reconhecida empresa de fabricação de equipamentos elétricos. A situação, particularmente para Bush e os envolvidos mais próximos era desastrosa, e motivação não faltava para resolverem definitivamente o problema. Estavam em jogo, o nome da empresa, seus nomes, enfim, muita pressão de todos os lados. Este episódio, apesar de aparentemente constrangedor para os envolvidos, foi muito útil, do ponto de vista da computação, porque motivou grandes investimentos no sentido de se buscar melhores formas de analisar, do que as desenvolvidas até então. Definitivamente, compreendia-se que, cálculos manuais, ou mesmo auxiliados com calculadoras, eram lentos demais, e muito sujeito a falhas.

Projetos de máquinas para calcular sistemas lineares de equações

Não somente a solução de integrais e equações diferenciais muito complicadas eram um problema naqueles tempos sem computação moderna, mas, também, a solução de sistemas de equações lineares, envolvendo um número muito grande de equações e incógnitas, representavam um grande dilema, à medida que grandes áreas dentro das ciências e das engenharias se desenvolviam. Por exemplo, considere o problema que deve fornecer o suporte estrutural apropriado para um telhado. Neste tipo de problema, um engenheiro deve primeiro resolver um conjunto de equações lineares simultâneas que leve em consideração todas as variáveis relevantes, como peso, resistência e elasticidade dos materiais de construção. Note que, embora essas fórmulas não sejam intelectualmente profundas, elas são enlouquecedoramente difíceis de se calcular sem os recursos modernos da computação. Para se ter uma idéia, podemos dizer que, o limite prático para um indivíduo resolver um sistema de equações lineares, é de cerca de seis equações e seis incógnitas. É interessante notar ainda, que, mesmo com a ajuda de calculadoras automáticas, uma equipe de engenheiros, na década de 40 ou 50, do século XX, trabalhando em um projeto, podia precisar de meses para resolver as equações relacionadas a um grande telhado. Adicionalmente, também, problemas envolvendo equações não-lineares, tornavam inviável, o trabalho humano de computação. Por isso, era evidente que soluções urgentes eram necessárias.

O Analisador Diferencial de Vannevar Bush

Neste cenário de muita pressão, entre os anos de 1927 e 1928, Bush e seus colegas do Departamento de Engenharia Elétrica do MIT embarcaram em um projeto para construir um Analisador Diferencial, uma nova ferramenta para lidar com a dificuldade imensa de se realizar com precisão e rapidez as equações que seu trabalho requeria. Bush liderou o projeto do Analisador Diferencial, e seu aluno, Harold Hazen, desenvolveu-o, criando por fim, uma solução analógica para modelar as redes de energia do seu trabalho. Bush chamou o seu equipamento de Analisador Diferencial em um de seus artigos publicados, mas afirmou tempos depois, que não tinha conhecimento do trabalho de Kelvin, publicado no Proceedings of the Royal Society, em 1876, pelo menos não diretamente. Três anos após o início do projeto, a primeira grande máquina já estava em operação. O equipamento era composto por seis integradores de Thomson, um número igual de motores elétricos, com dezenas de eixos metálicos que ligavam os integradores e transmitiam seus movimentos rotativos, proporcional às variáveis dadas, e uma tabelas de saída que exibiam os resultados. O analisador diferencial de Bush era grande e complexo, e ocupava uma sala grande. Os integradores de roda e disco podiam ser conectados a dezoito eixos rotativos longos. A máquina era programada inserindo-se os dados através das tabelas de entrada e era necessário reorganizar os eixos e engrenagens, a cada novo problema, o que exigia muita habilidade mecânica dos que o pilotava, em um trabalho que geralmente levava dois dias. Enfim, a máquina era um conjunto completamente mecânico de engrenagens e eixos acionados por motores elétricos, que podia resolver uma equação diferencial arbitrária de sexta ordem, com o inconveniente de ser necessário reconfigurar novamente a máquina, a para cada vez que se fosse necessário resolver um novo problema. Certamente, não tinha um aspecto muito bonito, mas funcionava muito bem, gerando soluções com uma margem de imprecisão

QRCode 10 - Analisador diferencial.

de 2%, o melhor que se poderia esperar de uma calculadora analógica, naquela época, e com uma redução incrível no tempo de execução da tarefa, passando de meses, para dois dias. Sem dúvida nenhuma, o Analisador Diferencial de Bush representou, mais uma vez, ao longo da história da computação, uma demonstração impressionante do poder computacional das máquinas. E, com todo esse sucesso, foram construídas sete ou oito cópias do dispositivo nos Estados Unidos, Grã-Bretanha e outros países, principalmente em universidades. Deve-se salientar aqui que, essas máquinas foram, de fato, uma das primeiras a realizar efetivamente computação avançada, quando então, muito se aprendeu sobre a mecanização dos processos de cálculo.

O sonho de uma máquina de uso geral

Bush percebeu, que a sua proposta tinha potencial para um computador analógico de uso geral, ao invés, de ser um computador de uso específico apenas, pois, além de analisar as redes de transmissão de energia, o analisador de Bush podia resolver outros problemas potenciais, em física, sismologia, balística, astronomia etc. Como o Analisador Diferencial de Bush tinha toda essa capacidade, ele acabou inspirando os novos rumos da computação nos EUA, na Inglaterra, na Europa, na União Soviética e na Austrália, na década de 1940. Com todo esse envolvimento, Bush passou a construir uma versão de um sistema eletromecânico muito mais rápido e poderoso, usando tubos à vácuo. Contudo, apesar dos resultados bem-sucedidos de Bush e de toda a sua equipe, a natureza analógica do Analisador Diferencial de Bush, os tornava inadequados para uma computação precisa e versátil, como queria Bush, uma computação de uso geral, pois, o mecanismo precisava ser projetado adequadamente para cada tipo de finalidade diferente. Se, de um lado, esses equipamentos podiam ser entendidos como de uso geral, do ponto de vista que, podiam ser devidamente programados para qualquer finalidade, astronomia, física, engenharia etc., de outro lado, para cada uma dessas tarefas, a máquina tinha que ser devidamente montada, especificamente, para atender as necessidades de cada propósito, pois no final, as calculadoras analógicas são específicas para fins especiais. Além disso, dois outros pontos cruciais em tudo isso, era que, o Analisador Diferencial de Bush não era fácil de usar, precisando sempre de pessoal especializado para poder de fato obter bons resultados com ele, e os custos envolvidos eram proibitivos para produção em massa e popularização. Naquele cenário, havia muitas dúvidas sobre o futuro da computação. Seria necessária uma grande mudança. No entanto, em que direção?

Questões, Exercícios, Atividades & Treinamento

Para a maioria das questões, pesquise na Internet, em diferentes fontes, para desenvolver sua expertise. Habitue-se, sempre, a anotar adequadamente, a referência de onde extraiu as informações, usando de preferência as normas da ABNT mais atual, ou outra norma que preferir, como IEEE, por exemplo.

1) Qual teria sido a motivação de Hollerith para ter construído o primeiro processador de dados do mundo?

2) Compare o uso do dispositivo de memória, no caso, os cartões perfurados, na Máquina Analítica e no primeiro processador de dados de Hollerith?

3) Descreva as necessidades do Censo de 1890, nos E.U.A., que requeriam mais sofisticação técnica de computação para sua efetivação.

4) Descreva o primeiro sistema de acesso aleatório de dados do mundo?

5) Qual a diferença entre um sistema de acesso aleatório e serial?

6) Porque Babbage não incorporou a eletricidade nos seus equipamentos?

7) Os tabeladores de Hollerith teve perfeita aceitação por parte do mercado, desde o seu início. Explique.

8) O que os tabeladores de Hollerith prometiam fazer?

9) Qual foi o tipo de negócio que a Tabulating Machine Company ofereceu para atrair clientes?

10) Por que, apesar do aparente sucesso, a Tabulating Machine Company estava sempre no vermelho?

11) Quais as vantagens que as máquinas de Hollerith ofereciam para o seus clientes?

12) Descreva como se originou a IBM

13) De fato, os benefícios da automação compensam os pesados investimentos envolvidos num novo negócio? Discuta as implicações envolvidas.

14) Discuta o desenvolvimento das calculadoras mecânicas nas últimas duas décadas do século XIX.

15) Por que o Milionário foi considerado tão importante?

16) Quais foram os desenvolvimentos notáveis no terreno de calculadoras mecânicas nas últimas duas décadas do século XIX?

17) Faça uma pesquisa na Internet sobre os produtos de tecnologia de computação nos anos de 1920, e faça um vídeo com o título: "A incrível tecnologia do início do século XX", mostrando que as pessoas estavam de fato encantadas com a modernidade de seu tempo.

18) Por que a solução de equações diferenciais e integrais representa um grande problema para ser realizadas à mão, com o auxílio apenas de uma calculadora, em problemas de ciências e engenharia?

19) Dê exemplos de situações em ciências ou engenharia que são necessárias a resolução de sistemas de equações lineares.

20) Dê exemplos de situações em ciências ou engenharia que são necessárias a resolução de equações diferenciais.

21) Dê exemplos de dispositivos analógicos mecânicos inventados para o cálculo de áreas por integrais, no início do desenvolvimento do Cálculo.

22) Descreva a função de um planímetro.

23) Cite situações em que um planímetro é útil.

24) Explique uma forma rudimentar de cálculo de área. Discuta qual o problema deste método.

25) Qual a vantagem trazida pelo integrador de bola e disco?

26) O que Lord Kelvin pensava sobre as geringonças de sua época destinadas a auxiliar o cálculo diferencial e integral?

27) Descreva a motivação de Kelvin para o desenvolvimento das suas máquinas de previsão de maré.

28) Quais foram as máquinas desenvolvidas por Lord Kelvin? Descreva-as.

29) Lord Kelvin construiu o Analisador Diferencial? Explique.

30) Descreva a natureza dos problemas que Vannevar Bush tinha que resolver com computação quando trabalhava no MIT, na década de 1920.

31) Quais são as desvantagens de se realizar trabalhos como o de Vannevar Bush, sem o auxílio de máquinas automáticas?

32) Como pode ser realizada a checagem de erros em trabalhos manuais? Quais as desvantagens. Discuta as implicações envolvidas.

33) Por que é comum haver grande produção intelectual, em momentos de grande tensão? Dê exemplos na história da tecnologia, em que isso acontece.

34) Qual foi o primeiro Analisador Diferencial, de fato, a ser construído? Como se deu sua construção.

35) Descreva o Analisador Diferencial de Vannevar Bush.

36) Por que chamamos o Analisador Diferencia de Kelvin de Analisador Diferencia Teórico?

37) Por que podemos dizer que o Analisador Diferencial de Bush representou uma demonstração impressionante do poder computacional das máquinas?

38) Qual a diferença entre máquinas de uso geral e de uso específico?

39) Por que Vannevar Bush achava que sua máquina tinha potencial para uma máquina de uso geral?

40) Efetivamente, o Analisador Diferencial de Bush era uma máquina de uso geral?

41) Uma máquina analógica pode ser construída para uso geral? Discuta.

42) Faça um paralelo dos momentos estudados até este capítulo, em que a necessidade de fazer grande computação leva a concepção de alguma ferramenta matemática de cálculo. Busque mais informações acerca das necessidades envolvidas, e produza um vídeo, intitulado, Conquistas computacionais modernas, fruto dos desenvolvimentos do passado, explicando as razões que levaram ao desenvolvimento da computação, e ao momento que vivemos hoje.

43) Discuta como a perda da informação ao longo do tempo e do espaço (através de incêndios, naufrágios, guerras, pestes, causa atrasos no desenvolvimento tecnológico e na vida na Terra. Discuta, como essa perda de memória das conquistas, pode ser evitada. Discuta tudo isto fazendo um paralelo com a computação em nuvem, dos dias atuais, e produza um vídeo com esse conteúdo.

44) O notável artigo de Lord Kelvin, intitulado, Mechanical Integration of the Linear Differential Equations of the Second Order with Variable Coefficients, foi publicado em 1876 no Proceedings of Royal Society of London, e hoje, pode ser facilmente encontrado na Internet para consulta. Baseado neste trabalho, discuta como Lord Kelvin sugere que o cálculo das equações diferenciais de segunda ordem seja mecanizado. Para esta produção, faça um vídeo discutindo suas considerações.

45) O Analisador Diferencial de Bush é retratado com grande destaque em diversas produções de filmes de ficção cientifica, na década de 1950. Embora, caídos atualmente no esquecimento, uma excursão por esses filmes nos mostra a importância que tinham naquele momento. Faça uma pesquisa na Internet de trechos de alguns desses filmes de ficção científica, que, para dar um certo ar de futurismo, mostravam os Analisadores Diferenciais em grande exibição. Faça um vídeo mostrando a importância que tiveram em sua época, e narre sobre a sua função e origem.

46) Sempre que as pessoas trabalham em atividades complexas que inspiram a possibilidade de se mecanizar as tarefas mentais a história se repete. Os acontecimentos envolvendo o Analisador Diferencial, lembra em muito, o momento em que nos deparamos com a Máquina Analítica de Babbage, com sua estrutura maravilhosamente simples, altamente flexível, de leitores de cartões, moinhos, lojas e controle. Na época do Analisador Diferencial, todos os avanços trazidos por Babbage com a Máquina Analítica já havia sido quase completamente esquecida, e seus princípios precisavam ser redescobertos. Note que, esses homens notáveis trabalhavam isoladamente ou em pequenas equipes, e tinham pouco ou nenhum contato uns com os outros, embora às vezes escrevessem sobre seus esforços ou discutissem suas ideias em conferências científicas e de engenharia, e eventualmente publicavam um artigo, ou um livro, aqui ou acolá, e muitos não conheciam o trabalho um dos outros. A informação se perde facilmente na esquina entre o tempo e o espaço. Por isso, é tão importante registrarmos nossos trabalhos, contribuições e invenções, seja

registrando patentes, publicação em periódicos ou a participação em congressos. Discuta estas questões, e sugira novas formas de difusão do conhecimento.

47) Suponha que queremos prever a altura da maré em um determinado local em um período de 24 horas. Para isto, considere um preditor de maré que pode ser modelado pela seguinte equação diferencial:

$$h' + k * h = A * f(t)$$

em que:

h é a altura da maré num determinado tempo t,

h' é a derivada de h em relação ao tempo, ou, a taxa de variação da altura da maré

k é uma constante que representa o coeficiente de amortecimento, que diminui a taxa de variação da altura da maré ao longo do tempo.

f(t) é uma função que representa as forças externas que atuam na maré, como as forças gravitacionais da lua e do sol, bem como por outros fatores, como o vento e o clima.

A é a amplitude da maré, que representa a diferença entre as alturas mínima e máxima.

Um exemplo comum de um preditor de maré é o modelo harmônico, que usa uma série de componentes sinusoidais para prever as variações das marés ao longo do tempo. Para simplificar, use apenas um componente sinusoidal, $f(t)=\sin(\omega t)$. ω é a frequência angular da maré, que está relacionada ao período de 24 horas ($\omega = 2\pi/T$, onde T é o período em segundos).

Pesquise sobre o problema e resolva a equação diferencial para que a altura, h(t), da maré possa ser prevista a qualquer momento.

48) FIM

Capítulo 8 - Um passeio pelos caminhos da Lógica

Além dos notáveis desenvolvimentos na engenharia mecânica que levaram à fabricação de máquinas de calcular mecânicas mais eficientes no século XIX, culminando no surgimento do Analisador Diferencial, grandes desenvolvimentos também foram assistidos no terreno da Lógica neste período. Para obtermos uma compreensão mais completa desses avanços, neste capítulo vamos fazer um passeio pelos caminhos da Lógica.

Ao completar este capítulo, você estará apto a:

- Compreender os fundamentos da Lógica.
- Identificar como o estudo da Lógica auxilia no estudo da Computação em geral.
- Compreender como o trabalho de Boole e De Morgan influenciaram o estudo da Lógica.
- Compreender os fundamentos da Álgebra Booleana.
- Efetuar operações Booleanas.
- Determinar a Tabela-Verdade de uma função Booleana.
- Aprender a simplificar expressões Booleanas.

A Lógica

Discussões iniciais

A Lógica é considerada a ciência do pensamento correto, e busca compreender por que pensamos de uma determinada maneira e não de outra, por isso desempenha um papel fundamental tanto na filosofia quanto na matemática, estudando métodos para alcançar a verdade no processo de cognição, a partir do conhecimento adquirido previamente. Em sua essência, a Lógica nos ensina a utilizar as leis do pensamento de forma eficiente e eficaz, sendo, uma de suas principais tarefas, a de eliminar ambiguidades, visando à correção do raciocínio. Portanto, está intrinsecamente ligada à capacidade de raciocinar de forma coerente. Ao longo da história, os seres humanos têm desenvolvido diversos temas significantes dentro da área da Lógica. Aristóteles (384 a.C. – 322 a.C.), considerado o fundador da Lógica, realizou o primeiro estudo sistemático que serviu como referência para estudiosos por muitos séculos. Desde então, inúmeros pesquisadores contribuíram significativamente para o corpo do conhecimento lógico. Um dos elementos centrais da Lógica é o uso de sentenças declarativas, chamadas proposições, para construir um pensamento e formar argumentos que podem ser analisados e avaliados. O ramo da lógica formal que estuda as relações lógicas entre proposições é conhecido como Lógica Proposicional. Essa área do conhecimento é extremamente útil em diversos campos além da filosofia, como a construção de estratégias em jogos, a lógica de programação e a computação. A Lógica Proposicional oferece ferramentas para analisar e manipular proposições, utilizando operadores lógicos, como a negação, a conjunção, a disjunção e a implicação. Esses operadores permitem a construção de argumentos válidos e a avaliação da validade de um raciocínio. Em um contexto prático, muito solicitado, a Lógica Proposicional pode ser aplicada no desenvolvimento de estratégias em jogos, onde é necessário tomar decisões com base em condições lógicas. Além disso, é amplamente utilizada na lógica de programação, auxiliando na construção de algoritmos e na solução de problemas computacionais. Portanto, a Lógica Proposicional desempenha um papel fundamental na estruturação do pensamento correto e na aplicação prática em diversas áreas do conhecimento, contribuindo para a resolução de problemas e o desenvolvimento de estratégias eficientes.

Proposições

Na lógica, uma proposição é um conceito fundamental que representa uma declaração ou uma sentença declarativa que pode ser verdadeira ou falsa. Constitui a menor unidade de significado que pode ser avaliada independentemente por seu valor de verdade. Pode-se dizer que, uma proposição deve ter um significado bem definido e transmitir um pensamento claro e inequívoco, de modo a ser possível determinar se uma proposição é verdadeira ou falsa com base apenas em seu significado. Isto também quer dizer que, uma proposição deve ser capaz de ser independente e avaliada por conta própria, sem nenhum contexto adicional. Não deve depender de outras proposições para determinar seu valor de verdade. Interessante notar, que as proposições podem ser expressas usando frases de linguagem natural ou representações simbólicas, no caso do contexto matemático. Note que, uma proposição nunca é uma pergunta ou comando. No geral, as proposições servem como blocos de construção do raciocínio lógico e são essenciais para construir argumentos, formular hipóteses e analisar a validade das deduções lógicas. Ao manipular e combinar proposições usando operadores lógicos como "e", "ou" e "não", podemos explorar as relações entre diferentes pensamentos e tirar conclusões lógicas. Compreender as proposições é um passo crucial no estudo da lógica, pois elas fornecem a base para raciocinar e avaliar a verdade ou falsidade das declarações. Com o intuito de tornar esse assunto mais simplificado, vamos discutir alguns exemplos.

Exemplo 31

Proposição	Explicação
A Lua é um satélite natural da Terra.	Esta sentença exprime um fato conhecido, e incontestável. Trata-se de uma proposição.

Exemplo 32

Proposição	Explicação
Fazer exercícios físicos ajuda a emagrecer.	Esta sentença exprime um sentido completo, e pode ser considerada verdadeira pela maioria das pessoas.

Para que uma sentença declarativa seja considerada uma proposição dentro da lógica, ela deve ter um valor lógico, em que podemos atribuir um sentido de verdadeiro ou falso. A seguir temos um exemplo de uma proposição com valor lógico falso, mas ainda, uma proposição.

Exemplo 33

Proposição	Explicação
O Sol é um satélite natural da Terra.	Esta é uma sentença declarativa com sentido completo, e portanto, é uma proposição, porém, trata-se de uma proposição cujo valor lógico é Falso.

Quando dizemos que uma sentença é declarativa, trata-se de uma sentença que contêm uma afirmação fechada e completa, e neste contexto, não se encaixam, nem sentenças interrogativas nem imperativas.

Exemplo 34

Sentença Interrogativa	Explicação
Quando você vai visitar seus pais?	Esta é uma sentença interrogativa, que nada tem a ver com uma proposição.

Exemplo 35

Sentença Imperativa	Explicação
Faça isso.	Esta é uma sentença imperativa, que nada tem a ver com uma proposição.

Argumentos

Na lógica, um argumento é um conjunto de uma ou mais sentenças declarativas fechadas, conhecidas como proposições, ou premissas, que têm a intenção de dar razão a uma outra proposição, conhecida como conclusão. Assim, para que exista um argumento, é necessário que as premissas iniciais deem razão à conclusão, ou alternativamente, que se possa chegar corretamente à conclusão partindo de suas premissas iniciais. Esta estrutura lógica é chamada de silogismo, e foi empregada por Aristóteles que a reconhecia como a argumentação lógica perfeita, obtendo uma conclusão partindo das premissas iniciais. Neste caso temos um argumento. Alguns exemplos de argumentos serão apresentados a seguir.

Exemplo 36

Premissas iniciais: Proposições	RAZÃO	Proposição final: Conclusão
Todo filósofo aprende a argumentar. Leibniz foi um filósofo.	$\rightarrow$	Logo, Leibniz sabia argumentar.

Exemplo 37

Premissas iniciais: Proposições	RAZÃO	Proposição final: Conclusão
Felinos com pelagem de três cores são fêmeas. O felino de José tem três cores.	$\rightarrow$	Logo, o felino de José é fêmea.

Exemplo 38

Premissas iniciais: Proposições	RAZÃO	Proposição final: Conclusão
Todo ser humano precisa se alimentar. Bebês são humanos.	$\rightarrow$	Logo, bebês precisam se alimentar.

No próximo exemplo aproveitamos para mostrar um argumento matemático.

Exemplo 39

Premissas iniciais: Proposições	RAZÃO	Proposição final: Conclusão
$x + y = 4.$		
$x = 5.$	$\rightarrow$	Logo, $y = -1.$

Fique atento: Proposições falsas podem levar a conclusões igualmente falsas.

Exemplo 40

Premissas iniciais	RAZÃO	Proposição final - Conclusão
Felinos podem falar. O animalzinho de Ana é um felino.	$\rightarrow$	Logo, o animalzinho de Ana pode falar.

Note que, ainda que as premissas contenham um valor lógico falso, a estrutura apontada no Exemplo 40, permanece sendo um argumento para a Lógica. Mas, nós sabemos que o conteúdo desse argumento, não é verdadeiro. Portanto, para que a argumentação tenha um conteúdo verdadeiro e confiável, é necessário que as proposições que dão base a conclusão de um argumento, as premissas iniciais, contenham o valor logico verdadeiro. Isto significa também que, não basta que a estrutura lógica seja um argumento, o argumento tem que fazer sentido, e existem muitos argumentos que não fazem o menor sentido, como o do Exemplo 40. Isso é particularmente útil, quando usamos a Lógica na programação de computadores.

Conectivos lógicos

Com o objetivo de evitar ambiguidades e confusões, a Lógica estabeleceu seu próprio sistema de símbolos. Isso ressalta a importância da Lógica no contexto da computação, uma vez que ela se torna um instrumento matemático essencial para auxiliar no processo de programação. A Lógica desempenha um papel crucial ao evitar complicações desnecessárias e ao fornecer uma estrutura padrão a ser seguida, testada e aprovada, possibilitando o sucesso na aplicação de programas computacionais. Alguns dos símbolos da Lógica são discutidos a seguir.

	Símbolo Lógico	Denotada também por:
1-)	Falso	F, 0
2-)	Verdadeiro	V, 1

Em geral, pode-se escolher a letra F ou o símbolo zero, 0, para representar o valor lógico Falso, de uma proposição, e escolher a letra V ou o símbolo um, 1, para representar o valor lógico Verdadeiro. Todavia, outras formas também são encontradas na literatura. Além desses, temos, alguns outros elementos importantes da Lógica, os conectivos lógicos, que podem ser usados para unir proposições, tais como:

	Conectivo Lógico	Denotada também por:
3-)	Conjunção (AND)	$\cup$, $\wedge$ ou $\cdot$
4-)	Disjunção (OR)	$\cap$, $\vee$ ou $+$
5-)	Negação (NOT)	$\sim$, $'$, $-$, $\neg$
6-)	Condicional (SE... ENTÃO),	$\rightarrow$
7-)	Biconditional (SE E SOMENTE SE)	$\leftrightarrow$

As proposições, muitas vezes podem ser indicadas por letras ou símbolos como A, B, C, e são combinadas por meio de conectivos lógicos para produzir resultados e inferências. Para tornar mais claro como a Lógica lida com os conectivos lógicos, em seguida, mostramos alguns exemplos, que são importantes na Lógica, e que são usados amplamente na Programação de Computadores.

Exemplo 41

Considere as proposições A e B abaixo:	O conectivo lógico ($\wedge$) permite escrever:
A: Maçã é uma fruta.	($A \wedge B$) [Leia: A conjunção B]:
B: Tomate é um legume.	Maçã é uma fruta e Tomate é um legume.

Exemplo 42

Considere as proposições A e B abaixo:	O conectivo lógico ($\vee$) permite escrever:
A: O jogo de futebol é amanhã.	($A \vee B$) [Leia: A disjunção B]:
B: O jogo de vôlei é hoje.	O jogo de futebol é amanhã ou o jogo de vôlei é hoje.

Exemplo 43

Considere a proposição A abaixo:	O conectivo lógico ($'$) permite escrever:
A: Maçã é uma fruta.	(A') [Leia: Negação A]
	Maçã não é uma fruta..

Exemplo 44

Considere as proposições A e B abaixo:	O conectivo lógico ($\rightarrow$) permite escrever:
A: Respirar fundo alivia a tensão.	($A \rightarrow B$) [Leia: A Condicional B]
B: Fazer meditação ajuda a relaxar.	SE Respirar fundo alivia a tensão ENTÃO Fazer meditação ajuda a relaxar.

Exemplo 45

Considere as proposições A e B abaixo:	O conectivo lógico ($\leftrightarrow$) permite escrever:
A: O estudante aprende a lição.	($A \leftrightarrow B$) [Leia A Bicondicional B]:
B: O professor ensina com dedicação	O estudante aprende a lição SE E SOMENTE SE O professor ensina com dedicação.

Exemplo 46

Considere as proposições A e B abaixo:	O conectivo lógico ($\leftrightarrow$) permite escrever:
A: $x^2 + y^2 = R^2$ é a equação de uma circunferência.	($A \leftrightarrow B$)
	$x^2 + y^2 = R^2$ é a equação de uma circunferência
B: R é igual uma constante.	SE E SOMENTE SE R é igual uma constante.

Além de ser amplamente utilizada em nosso cotidiano, a Lógica é uma das principais ferramentas em qualquer ciência, o que a torna objeto de interesse para muitos renomados estudiosos, uma vez que, descreve princípios e métodos de raciocínio válidos, fornecendo uma base sólida para a análise e a argumentação. No nosso cotidiano, utilizamos a lógica para tomar decisões, resolver problemas e avaliar argumentos. Ela nos ajuda a identificar falácias, a distinguir entre proposições verdadeiras e falsas, e a construir argumentos coerentes. Além disso, a lógica é uma parte integrante do pensamento crítico, que é essencial para navegar em um mundo complexo e lidar com informações diversas. Na ciência, a lógica é fundamental para a formulação de teorias, o desenvolvimento de modelos e a realização de experimentos. Ela nos permite estabelecer relações causais, deduzir consequências a partir de premissas e testar hipóteses. A lógica fornece uma estrutura rigorosa para o pensamento científico, garantindo que as inferências sejam válidas e as conclusões sejam confiáveis. Ao longo da história, inúmeros estudiosos se dedicaram ao estudo da lógica, reconhecendo sua importância como uma ferramenta essencial para a compreensão e o avanço do conhecimento. Filósofos como Aristóteles, Gottlob Frege, Bertrand Russell e Ludwig Wittgenstein contribuíram para o desenvolvimento da lógica formal, enquanto matemáticos e cientistas da computação como Alan Turing e Kurt Gödel exploraram suas implicações na teoria da computação e na fundamentação matemática. A lógica é considerada uma disciplina que permeia diversas áreas do conhecimento humano, e seu estudo contínuo e a aplicação de seus princípios são cruciais para o avanço da ciência e para uma compreensão mais profunda do mundo que nos cerca.

A Lógica moderna

A Lógica moderna começou com Leibniz (1646-1716), com o seu projeto de construir um sistema exato e universal de notação, através de uma linguagem simbólica baseada num alfabeto do pensamento, com a intenção de criar uma linguagem característica universal. Em 1666, Leibniz escreveu a obra intitulada, De Arte Combinatória, uma tentativa de reduzir todo o raciocínio a uma combinação ordenada de elementos, como números, sons ou cores. Esse tratado é considerado um dos ancestrais teóricos da lógica moderna e uma forma primitiva das regras lógicas que regem o funcionamento interno dos computadores. Leibniz compôs diversos trabalhos nessa temática, mas infelizmente, a maioria das contribuições de Leibniz não foram publicadas durante sua vida, permanecendo desconhecidas até o início do século XX, quando foram enfim reveladas a partir do trabalho árduo de historiadores-pesquisadores. Além de Leibniz, muitos outros matemáticos europeus no século XIX contribuíram para o avanço da lógica, dentre eles, George Boole (1815-1864), e Augustus De Morgan (1806-1871), que tiveram a percepção correta de que a Lógica Formal era insuficiente para atingir o rigor necessário no estudo da matemática, pois, apesar de toda sua estrutura baseada em proposições, argumentos, símbolos e conectivos lógicos, muito da sua comunicação se baseava ainda na linguagem humana, cheia de imprecisões, equívocos, falta de clareza, e ambiguidades. Tentando resolver essas pendências, pensadores como Boole e De Morgan propuseram a criação de uma lógica simbólica, construída a partir de símbolos específicos, onde, ao invés de se fixar em termos e palavras, símbolos seriam usados para transmitir ideias, e assim, pondo fim as inúmeras confusões e desentendimentos comuns as linguagens humanas. Tudo isso favoreceu o desenvolvimento da brevidade e da simplicidade na estrutura lógica moderna, características muito importantes para garantir a eficiência, permitindo que, desenvolvedores e engenheiros usem a lógica simbólica nos dias de hoje para implementar com sucesso programas de computador.

George Boole e Augustus De Morgan

George Boole nasceu em Lincoln, na Inglaterra, e teve suas primeiras aulas de matemática com seu pai. Boole sempre foi um autodidata em matemática, e quando o negócio de seu pai finalmente ruiu, ele teve que se responsabilizar pelo orçamento familiar. Nesse momento de sua vida, Boole começou a dar aulas nos vilarejos em West Riding de Yorkshire. Extraordinariamente, o empreendimento de Boole deu tão certo, que, ainda com 20 anos de idade, abriu uma escola que foi um sucesso na região. Nitidamente, Boole mostrava habilidades matemáticas incontestáveis, sendo sua principal fonte de lazer ler obras de famosos matemáticos. Seu talento matemático era tanto, que logo começou a resolver problemas avançados de álgebra, e submetê-los aos grandes jornais da época, como o Cambridge Mathematical Journal. Boole, notável como era, logo percebeu que a álgebra também poderia ser aplicada de alguma forma na Lógica, e desse entendimento, resultou o trabalho publicado em 1847, intitulado *The Mathematical Analysis of Logic – Being an Essay Towards a Calculus of Deductive Reasoning*. Boole conheceu o lógico Augustus De Morgan (1806-1871) que também tinha publicado há pouco tempo, um trabalho intitulado, *Formal Logic*. Em 1854, Boole publicou o famoso trabalho de Lógica intitulado, *An Investigation of the Laws of Thought*, uma investigação sobre as leis do pensamento, nas quais ele fundamenta as teorias matemáticas da lógica e das probabilidades. A partir desses dois trabalhos, Boole procurou identificar as regras processuais do raciocínio e estabeleceu um sistema rigoroso de análise lógica. Antes da publicação dos trabalhos de Boole, a Lógica era uma disciplina apenas no terreno da Filosofia, sendo sua ferramenta analítica mais poderosa, o silogismo. Uma das consequências do trabalho de Boole foi o fim da Lógica como uma disciplina apenas filosófica e seu renascimento também como um vigoroso ramo da matemática. Embora a maioria dos lógicos tenham de imediato criticado ou ignorado as idéias de Boole, eles foram vencidos por um número cada vez mais crescente de matemáticos, que refinaram e amplificaram seu trabalho. Algum tempo depois, Boole foi recompensado com uma cátedra no Queen's College, na Irlanda. Boole desenvolveu uma álgebra que mais tarde, incluindo as contribuições de outros matemáticos, foi chamada de álgebra Booleana. Com o tempo, ficou claro que a Álgebra Booleana era muito adequada para descrever circuitos de chaveadores elétricos, e o lógico americano Charles Sanders Peirce (1839-1914) foi o primeiro cientista a perceber isso, ainda em 1886, quando observou que operações lógicas podiam ser realizadas por circuitos elétricos de comutação. Essa ideia foi usada com sucesso décadas depois para produzir os computadores eletrônicos digitais.

Matemática Discreta

A Matemática discreta é uma área essencial da matemática, cujos conceitos são de extrema importância para aqueles que desejam explorar o campo da computação. Muitos dos fundamentos utilizados na computação são baseados em conceitos discretos. Por exemplo, os computadores são capazes de compreender e manipular apenas os dígitos binários 0 e 1, representando informações de forma discreta. A Matemática discreta concentra-se no estudo de estruturas algébricas que são fundamentalmente discretas, em contraste com as estruturas contínuas. Ela abrange uma ampla gama de tópicos, incluindo: conjuntos numéricos como os números naturais, os números finitos e infinitos contáveis, nos quais os elementos podem ser contados individualmente, um por um. Além disso, temas como teoria dos conjuntos, lógica matemática, álgebra booleana, teoria dos grafos, combinatória e teoria da computação são abordados em cursos de Matemática discreta. Uma das principais características das sentenças matemáticas é que elas diferem da linguagem cotidiana. Elas são usadas para realizar provas lógicas e devem atender a requisitos específicos de precisão e rigor. Essa linguagem matemática precisa ser clara, concisa e capaz de expressar ideias e relações matemáticas de forma precisa. Em resumo, a Matemática discreta desempenha um papel crucial no campo da computação, fornecendo os alicerces teóricos e conceituais necessários para compreender e desenvolver algoritmos, estruturas de dados e sistemas computacionais eficientes. É uma disciplina fundamental para aqueles que desejam explorar os desafios e oportunidades oferecidos pela ciência da

QRCode 11 - Matemática discreta.

computação. O QRCode 11 leva a uma referencia bastante util para aprimorar seus conhecimentos em Matemática Discreta.

Álgebra Booleana, um sistema simbólico

A álgebra booleana é chamada desta forma em homenagem a George Boole, que introduziu, em 1847, o formalismo para o tratamento sistemático da Lógica, o qual foi, posteriormente, devidamente refinado por outros matemáticos. Hoje, a álgebra Booleana tem requintes modernos, que Boole não reconheceria naquela época, mas, certamente, Boole deu os primeiros passos nessa direção. Deve ficar claro, entretanto, que nada poderia estar mais longe da mente de Boole do que a ideia de incorporar seu sistema a uma máquina. Todavia, não há dúvidas, que o trabalho de Boole tenha contribuído para o desenvolvimento da computação. A álgebra Booleana, como qualquer outro sistema algébrico, pode ser definida a partir de um conjunto de elementos, variáveis, operadores, axiomas, postulados, regras, teoremas e propriedades. Em geral são usadas letras para representar as variáveis, e símbolos para representar os operadores lógicos. Um aspecto que distingue a Álgebra Booleana da convencional, é que, contrariamente à álgebra convencional, onde as variáveis podem assumir quaisquer valores numéricos no intervalo dos números reais entre $-\infty$ e $+\infty$, na Álgebra Booleana os valores das variáveis somente podem assumir um número finito de valores, e esses valores não são números, como na álgebra convencional. A Álgebra Booleana é um sistema simbólico de lógica matemática que representa relacionamentos entre entidades, que podem ser ideias ou objetos. Particularmente, no caso da álgebra Booleana binária, suas variáveis recebem o valor de verdadeiro ou falso, e podem ser rotuladas também por 1 e 0, respectivamente, como discutimos na seção sobre Lógica. Como será fácil perceber, a Álgebra Booleana herda da Lógica muitas de suas características. Na Álgebra Booleana binária, valem as seguintes propriedades, para um conjunto U = {A, B, C,...}, com A, B, C, as variáveis desse conjunto, para as duas operações binárias, disjunção ($\vee$ ou +) e conjunção ($\wedge$ ou $\cdot$), e para os dois elementos distintos, 0 e 1, de U:

1-)	Idempotente	$A + A = A$	$A \cdot A = A$
2-)	Absorção	$(A \cdot B) + A = A$	$(A + B) \cdot A = A$
3-)	Propriedade do 0	$A + 0 = A$ (Identidade)	$A \cdot 0 = 0$
4-)	Propriedade do 1	$A + 1 = 1$	$A \cdot 1 = A$ (Identidade)
5-)	Existe A' $\in$ U:	$A + A' = 1$	$A \cdot A' = 0$
6-)	Comutativa	$A + B = B + A$	$A \cdot B = B \cdot A$
7-)	Associativa	$A + (B + C) = (A + B) + C$	$A \cdot (B \cdot C) = (A \cdot B) \cdot C$
8-)	Distributiva	$A \cdot (B + C) = (A \cdot B) + (A \cdot C)$	$A + (B \cdot C) = (A + B) \cdot (A + C)$

Estas são apenas algumas das propriedades da álgebra Booleana. Muitas outras você poderá estudar em cursos mais avançados de Matemática ou de Eletrônica Digital. Mas com essas propriedades já é possível entender como a Álgebra Booleana funciona, que é o objetivo desse curso introdutório. Além disso, algumas notações importantes são:
1-) A' ou $\bar{A}$ é o complemento de A, ou, também, NOT A,
2-) 0 é chamado de elemento zero, e
3-) 1 é chamado de elemento unitário.

Note que, existem elementos de Identidade importantes na Álgebra Booleana:
1-) $A + 0 = A$ (na adição lógica)
2-) $A \cdot 1 = A$ (na multiplicação lógica)

Diferentemente da álgebra elementar, onde as operações principais são:
1-) Adição convencional e

2-) Multiplicação convencional,
    As operações principais da álgebra Booleana são:
1-) Conjunção, também chamada operação AND, pode ser denotada também por, ∧ ou ·
2-) Disjunção, também chamada operação OR, pode ser denotada também por, ∨ ou +
3-) Negação, também chamada operação NOT, pode também ser denotada por, ¬ ou ´, entre
     outros.

A conjunção, a disjunção e a negação são como já discutidas na seção de Lógica. Embora essa forma de álgebra possa parecer, à primeira vista, abstrata, ela não é muito mais complicada do que a álgebra comum, e todas as funções Booleanas, por mais complicadas que pareçam à primeira vista, podem sempre ser representadas em termos de operações lógicas básicas. Na álgebra Booleana, variáveis, operadores e constantes podem ser combinados para formar expressões Booleanas, igualmente como acontece com as funções da álgebra comum. Como o número de valores que cada variável pode assumir na Álgebra Booleana é finito, podemos dizer que o número de estados que uma função Booleana pode assumir também é finito. Por esta razão, funções Booleanas podem ser completamente descritas apenas utilizando-se tabelas, que recebem o nome de Tabela-Verdade, onde são listadas todas as combinações de valores que as variáveis de entrada podem assumir, e usando-se as leis e os teoremas da álgebra Booleana, as expressões lógicas de saída correspondentes podem ser calculadas e disponibilizadas na Tabela-Verdade. Neste ponto, é conveniente fazermos uma pausa, para usarmos uma plataforma computacional, para compreendermos melhor os conceitos aprendidos até então. Aqui nós vamos usar o Maplesoft, para ilustração, mas pode ser realizado em Python, ou qualquer outra que achar mais interessante, para os propósitos particulares. O professor ou aluno, pode usar qualquer outra plataforma. A seguir, temos uma pequena iniciação aos recursos do Maplesoft para trabalharmos com expressões Booleanas, e assim testar as suas ideias.

Passos iniciais de Lógica com Maple

O Maplesoft é um software de álgebra computacional que pode ser usado para realizar cálculos com funções booleanas, o que significa que podemos usá-lo para trabalhar com valores lógicos "verdadeiro" ou "falso". Assim, podemos usar o Maplesoft, ou outra plataforma que preferir, para realizar operações lógicas básicas, como negação (NOT), conjunção (AND) e disjunção (OR), além de outras. Podemos também usar o Maplesoft para comparar valores numéricos ou de outros tipos de dados e receber uma saída booleana. Além disso, podemos usar o Maplesoft para trabalhar com expressões condicionais, onde a saída é baseada em uma condição booleana, podendo ser usado para formular e provar ou refutar declarações, bem como, para resolver vários problemas aplicados em lógica proposicional, como tradução, inferência, e projeto de circuitos lógicos.

TREINAMENTO COMPUTACIONAL 22

```
>  restart;
>  ####################
>  ### As variáveis booleanas são utilizadas para
>  ### representar apenas dois valores:
>  ### verdadeiro (true) ou falso (false),
>  ### ao contrário das  variáveis numéricas
>  ### que podem representar uma ampla
>  ### gama de valores numéricos,
```

```
>   ###  como inteiros ou números de ponto flutuante.
>   ####################
>   a := true :
>   b := false :
>   c := true :
>   ###  a, b e c não são constantes como
>   ###  na álgebra comum, mas, ao contrário,
>   ###  possuem valores de verdade, ao invés
>   ###  de valores numéricos
>   ####################
>   ### Expressões booleanas são formadas usando os operadores lógicos
>   ### and, or, xor, implies e not
>   ### e os operadores relacionais
>   ### <, <=, >, >=, =, and <>.
>   ####################
>   not a
                                         false
>   a and b
                                         false
>   a or b
                                         true
>   a xor b
                                         true
>   (a and b) implies b
                                         true
>   ### As proposições podem ser nomeadas
>   ###
>   S1 := a xor c
                                         false
>   S2 := a or b or c
                                         true
>   S3 := a and b and c
                                         false
>   S4 := a and not b and c
                                    S4 := true
>   ####################
>   ### A função evalb avalia seu argumento como uma expressão booleana.
>   ### Assim como, evalf, avalia seu argumento como uma expressão algebrica.
>   f := 9 > 8 :      # Note que, neste caso, f não é uma expressão algebrica
>                     # mas sim, uma expressão booleana
>                     # que contém o valor lógico verdadeiro
>   evalb(f)
                                         true
>   g := 2 < 7 :
>   evalb(g)
                                         true
>   h := 2^2 + 9^2 = 0 :
>   evalb(h)
```

```
                                              false
>  ####################
>  a1 := 3 :  # comprimento do cateto 1
>  b1 := 2 :  # comprimento do cateto 2
>  c1 := 5 :  # comprimento da hipotenusa
>  # Aplicar as propriedades da geometria
>  eq1 := a1^2 + b1^2 = c1^2 :
>  evalb(eq1)
                                              false
>  ####################
>  ### Tautologia: dizer o mesmo com palavras diferentes
```

As operações lógicas básicas da Álgebra Booleana

Na álgebra Booleana existem três operações lógicas básicas, ou funções básicas, que são, as operações AND, OR e NOT, semelhante aos conectivos lógicos discutidos na seção de Lógica. Vamos discutir um pouco sobre cada uma delas a seguir.

A operação AND (· , $\wedge$)

A operação AND ou também chamada de operação de Conjunção entre duas variáveis lógicas A e B, é semelhante a multiplicação entre duas variáveis numéricas na matemática ordinária, sendo também chamada de multiplicação lógica, e indica que o resultado é Verdadeiro quando ambas as condições, ou variáveis, são verdadeiras, 1, e falsa, 0, quando qualquer um deles é falso, 0. Por exemplo, se tivermos duas variáveis Booleanas, A e B, todas as combinações possíveis entre esses dois valores para a operação A AND B, resulta em:

$$0 \cdot 0 = 0$$

$$1 \cdot 0 = 0$$

$$0 \cdot 1 = 0$$

$$1 \cdot 1 = 1$$

As notações mais comuns para A AND B são: $A \cdot B, \quad A \cup B, \quad A \wedge B$.

A Operação OR (+ , $\vee$)

A operação OR ou também chamada operação de Disjunção entre duas variáveis, A e B, é diferente da adição aritmética que estamos acostumados da álgebra convencional, e é chamada de adição lógica. O OR lógico resulta em Verdadeira, 1, quando qualquer uma das condições, ou variáveis, for verdadeira, 1, e resultando falsa, 0, apenas quando ambas as condições forem falsas, 0. Por exemplo, se tivermos duas variáveis Booleanas, A e B, todas as combinações possíveis entre esses dois valores para a operação OR, A OR B, resulta em:

$$0 + 0 = 0$$

$$1 + 0 = 1$$

$$0 + 1 = 1$$

$$1 + 1 = 1$$

As notações mais comuns para A OR B são: **A + B, A ∩ B, A ∨ B.**

A Operação NOT (´ , -)

A operação de Negação lógica de uma variável A é definida a partir de uma única condição, ou variável, e resulta em Falsa, 0, quando a condição de entrada, ou variável, for verdadeira, 1, e resulta verdadeira, 1, quando a condição de entrada for falsa, 0. Por sua característica de negação, a operação NOT é também chamada de operação de complementação. Assim, se a variável de entrada for 1, a operação NOT sobre esse valor resulta em 0, e se a variável de entrada for 0, a operação NOT sobre ela resulta em 1. Na álgebra de apenas dois algarismos, 0 e 1, o complementar de 0 é 1, e o complementar de 1 é 0. Por exemplo, se tivermos uma variável Booleana, A, todas as combinações possíveis para a operação NOT, NOT A, resulta em:

$$NOT\ 0 = 1$$

$$NOT\ 1 = 0$$

As notações mais comuns para o NOT lógico são: Ā, A´, NOT A

Tabela Verdade

Tabelas-verdade são uma forma de representar o comportamento lógico de uma expressão booleana, mostrando todas as combinações possíveis de valores verdadeiro (1) e falso (0) para as variáveis envolvidas. Cada linha da tabela corresponde a uma combinação diferente de valores para as variáveis, e a última coluna mostra o resultado da expressão booleana com base nesses valores. Uma forma mais conveniente de apresentar o comportamento das equações A AND B, A OR B e NOT A é apresentá-las em forma de uma Tabela-Verdade, como mostrado nas Tabela 4-Tabela 6.

Tabela 4

A	B	A AND B
0	0	0
1	0	0
0	1	0
1	1	1

Tabela 5

A	B	A + B
0	0	0
1	0	1
0	1	1
1	1	1

Tabela 6

A	Ā
0	1
1	0

Tabelas-verdade são úteis para analisar o comportamento lógico de expressões e para construir circuitos lógicos, fundamentais em eletrônica digital e programação.

Teoremas de De Morgan

Os teoremas do matemático Augustus De Morgan são frequentemente usados em eletrônica digital, programação e em várias áreas da matemática e da ciência da computação, e visam simplificar expressões complexas da álgebra Booleana, oferecendo uma maneira mais fácil de lidar com elas. Seus teoremas, definidos pelas relações abaixo,

$$(A + B)' = A' \cdot B' \tag{1}$$
$$(A \cdot B)' = A' + B' \tag{2}$$

basicamente, definem as regras usadas para converter as operações lógicas OR em AND e vice-versa, estabelecendo duas regras fundamentais: A primeira é a Lei de Morgan para a negação de uma disjunção, que afirma que a negação de "A ou B" é o mesmo que "não A e não B". A segunda é a Lei de Morgan para a negação de uma conjunção, que afirma que a negação de "A e B" é o mesmo que "não A ou não B". Essas regras podem parecer confusas à primeira vista, mas elas permitem a simplificação rápida de expressões muito complexas com múltiplas negações e operações lógicas. Ao aplicar os Teoremas de Morgan, podemos transformar uma expressão difícil de entender em uma forma mais simples e fácil de analisar usando tabelas-verdade ou outros métodos.

Funções Booleanas

Assim como na matemática ordinária, uma função pode ser descrita em termos de suas variáveis numéricas, uma função Booleana, que aqui vamos chamar de S, pode ser descrita por uma equação matemática em termos de suas variáveis lógicas de entrada. Na seção anterior vimos exemplos de funções Booleanas, quando apresentamos as operações lógicas, AND, OR e NOT. A operação de conjunção, AND, para duas entradas A e B, pode ser escrita como uma função

$$S = A \cdot B$$

A operação de disjunção OR para duas entradas A e B, pode ser escrita como uma função

$$S = A + B$$

A operação de negação NOT para uma entrada A pode ser escrita como uma função

$$S = A'$$

Outro exemplo de função Booleana, poderia considerar, a operação AND para três entradas A, B e C, de modo que uma função Booleana para este caso pode ser escrita como

$$S = A \cdot B \cdot C$$

Para um entendimento maior das funções booleanas, vamos apresentar alguns exemplos que buscam fornecer uma melhor familiarização sobre o assunto. Para realização desses problemas, use a plataforma computacional que preferir. O objetivo desses exercícios é permitir que o aluno pratique a análise de expressões lógicas e a construção de tabelas-verdade. Ao trabalhar com esses exemplos, o aluno poderá desenvolver habilidades para simplificar e entender melhor as funções booleanas, o que é fundamental em várias áreas, como eletrônica digital, programação e ciência da computação.

Exemplo 47

Considere a função Booleana a seguir, e busque uma maneira de simplificá-la:

$$S = A \cdot B + B \cdot C$$

Exemplo 48

Considere a função Booleana a seguir, e busque uma maneira de simplificá-la:

$$S = A \cdot B + B \cdot C + A \cdot C$$

Exemplo 49

Considere a função Booleana a seguir, e busque uma maneira de simplificá-la:

$$S = (A + B' + AB') \cdot (A \cdot B + A' \cdot C + B \cdot C)$$

Exemplo 50

Considere a função Booleana a seguir, e busque uma maneira de simplificá-la:

$$S = (A + B) + [(A + B') . B]'$$

Exemplo 51

Considere a função Booleana a seguir, e busque uma maneira de simplificá-la:

$$S = A' \cdot (A + B) + C' + C \cdot B$$

Exemplo 52

Considere a função Booleana a seguir, e busque uma maneira de simplificá-la:

$$S = X' \cdot Y + X \cdot Y' + X \cdot Y$$

Exemplo 53

Considere a função Booleana a seguir, e busque uma maneira de simplificá-la:

$$S = (A + B + C) \cdot (A' + B' + C)$$

Exemplo 54

Considere a função Booleana a seguir, e busque uma maneira de simplificá-la:

$$S = A + A \cdot B \cdot C + A' \cdot B \cdot C + C \cdot A + C' \cdot A + A' \cdot B$$

Isso ajudará a construir uma base sólida de conhecimento em lógica booleana, que é amplamente aplicada em diversas áreas tecnológicas e científicas. Compreender funções booleanas é fundamental para a programação, análise de circuitos, algoritmos e tomada de decisões lógicas em geral.

Determinando a Tabela-Verdade de uma função Booleana

Determinar a Tabela-Verdade para uma função Booleana é uma tarefa muito importante, e que faz parte do processo de se projetar um circuito lógico, que veremos mais adiante. A Tabela-Verdade descreve o comportamento de uma função Booleana, S, seja qual for a combinação das variáveis de entrada. A Tabela-Verdade é composta por um conjunto de colunas, em que, as primeiras colunas à esquerda, são todas as combinações possíveis entre as variáveis de entrada, e a coluna final, à direita, corresponde ao valor da função Booleana, S, para as respectivas entradas, de forma semelhante, como foi apresentado no caso das Tabelas-Verdade das portas AND, OR e NOT, discutidas anteriormente. Caso as expressões booleanas sejam mais complicadas, pode-se incluir entre as colunas da esquerda e da direita, algumas colunas intermediárias contendo expressões parciais para que simplifique o processo de se encontrar o resultado da função S, quebrando o trabalho em tarefas menores para facilitar a tarefa de cálculo. Vale mencionar que, para que a Tabela-Verdade seja calculada de forma correta, um conjunto de regras bem definidas devem ser seguidas. Algumas delas são:

1-) A ordem de precedência de operações: Quando as operações AND e OR aparecerem numa função Booleana, uma regra importante a seguir é a ordem de precedência, que ocorre, igualmente como na matemática convencional dos números reais, onde a multiplicação tem precedência sobre a adição.

2-) A ordem de precedência de parênteses, colchetes e chaves: Também, analogamente ao que acontece na álgebra convencional, a regra dos parênteses, colchetes e chaves, têm precedência sobre as operações lógicas, AND e OR.

Finalmente, assumindo-se rigorosamente as regras anteriores, pode-se criar uma Tabela-Verdade para uma função Booleana, S, levando-se em conta as n variáveis de entrada da função Booleana, e todas as possíveis combinações entre as n variáveis de entrada. Note que, aqui, n representa um número inteiro natural. O número de combinações que podem ser realizados com as n variáveis de entrada, em geral, é calculado por, $N = 2^n$, sendo N, também um número natural inteiro. Um algoritmo é apresentado a seguir para a criação da Tabela-Verdade, em que as etapas devem ser executadas exatamente na ordem em que elas são apresentadas:

1-) Crie n + 1 colunas, para as n variáveis de entrada.

2-) Crie N + 1 linhas, sendo a primeira linha para indicar o nome de cada coluna.

3-) Distribua nas demais linhas todas as possíveis combinações entre as variáveis de entrada.

3-) Calcule a função, S, para todas as combinações possíveis entre as n variáveis de entrada, obedecendo-se as regras discutidas nesta seção, e todas as demais regras e teoremas da Álgebra Booleana. Para cada combinação, coloque na última coluna, o valor de S correspondente.

Exemplo 55

Considere a função Booleana

$$S = A \cdot B + B \cdot C + 2 \cdot A \cdot B \cdot C$$

e calcule a Tabela-Verdade para S, usando-se os teoremas e regras da Álgebra Booleana.

Uma função Booleana pode sempre ser representada por uma equação e por uma Tabela-Verdade. A Tabela-Verdade pode ser construída considerando-se o número de colunas igual ao número de variáveis da função Booleana, mais uma coluna para o resultado, de S. No caso do Exemplo 18, com as três variáveis, A, B e C, teríamos então uma tabela com quatro colunas. Adicionalmente, podemos inserir algumas colunas adicionais para facilitar o cálculo, e assim considerar colunas para os três termos da função S, que são eles, A·B, B·C e 2·A·B·C, de modo a tornar mais fácil o cálculo de S. Finalmente, computamos levando em conta todos os possíveis valores de entrada e todas as regras da Álgebra Booleana, e disponibilizamos os resultados correspondentes, na última coluna da tabela, à direita, como mostrado na Tabela (30). A Tabela (30) é a Tabela-Verdade para a função Booleana S = A·B + B·C + 2·A·B·C.

Tabela 7 – Tabela-Verdade para a função S = A·B + B·C + 2·A·B·C

A	B	C	A.B	B·C	A·B·C	S
0	0	0	0	0	0	0
0	0	1	0	0	0	0
0	1	0	0	0	0	0
0	1	1	0	1	0	1
1	0	0	0	0	0	0
1	0	1	0	0	0	0
1	1	0	1	0	0	1
1	1	1	1	1	1	1

Simplificação de Funções Booleanas

Uma característica das funções Booleanas é que, a aplicação de regras e teoremas da Álgebra Booleana, muitas vezes permitem simplificar algumas expressões, garantindo equivalência entre elas. O exemplo a seguir, mostra como a aplicação de alguns teoremas e regras podem levar a uma simplificação dos resultados.

Exemplo 56

Utilizando os resultados
$$A + \bar{A} = 1, \quad A + \bar{A} \cdot B = A + B$$
e demais regras da Álgebra Booleana, simplifique a função Booleana de saída, a seguir:
$$S = \bar{A} \cdot \bar{B} \cdot C + \bar{A} \cdot B \cdot C + \bar{A} \cdot B \cdot \bar{C} + A \cdot B \cdot C + A \cdot B \cdot \bar{C} \tag{1}$$

Primeiramente, vamos colocar em evidência o termo $\bar{A}$ (lê-se, A barrado) nos três primeiros termos da função S. Também, vamos colocar em evidência, o termo AB, nos dois últimos termos de S, na Eq. (1), ficando assim:

$$S = \bar{A} \cdot (\bar{B} \cdot C + B \cdot C + B \cdot \bar{C}) + A \cdot B \cdot (C + \bar{C}) \tag{2}$$

Logo, se percebe um termo na Eq. (2) em que se pode imediatamente usar os resultados da Álgebra Booleana. Por exemplo, sabe-se, a partir da Álgebra Booleana que:

$$C + \bar{C} = 1$$

e substituindo esse resultado na Eq. (2) resulta:

$$S = \bar{A} \cdot (\bar{B} \cdot C + B \cdot C + B \cdot \bar{C}) + A \cdot B \qquad (3)$$

Para continuarmos com o processo de simplificação, podemos procurar agrupar os termos semelhantes dentro dos parênteses da Eq. (3), colocando o termo C em evidência, ficando assim:

$$S = \bar{A} \cdot [C \cdot (\bar{B} + B) + B \cdot \bar{C}] + A \cdot B \qquad (4)$$

Novamente, observando o resultado para S, na Eq. (4), verificamos a expressão, $(\bar{B} + B)$, que pela Álgebra Booleana, sabemos ser, $\bar{B} + B = 1$, de modo que, S resulta:

$$S = \bar{A} \cdot [C + B \cdot \bar{C}] + A \cdot B \qquad (5)$$

Na Eq. (5) aparece um termo que pode ser simplificado: $C + B \cdot \bar{C}$, usando-se um resultado que foi fornecido no enunciado: $A + \bar{A} \cdot B = A + B$. Podemos adaptar esse resultado, escrever, $C + B\bar{C} = C + B$, e substitui-lo na Eq. (5), de modo que S resulta em

$$S = \bar{A} \cdot [C + B] + A \cdot B \qquad (6)$$

A Eq. (6) pode ser simplificada, ainda mais uma vez, aplicando-se a propriedade distributiva, de onde escrevemos:

$$S = \bar{A} \cdot C + \bar{A} \cdot B + A \cdot B \qquad (7)$$

Facilmente, percebemos, que podemos colocar o B em evidência na Eq. (7), resultando em:

$$S = \bar{A} \cdot C + B \cdot (\bar{A} + A) \qquad (8)$$

Novamente, aplicamos o teorema da Álgebra Booleana, $\bar{A} + A = 1$, finalmente obtemos:

$$S = \bar{A} \cdot C + B \qquad (9)$$

Compare os dois resultados: a Eq. (1) e a Eq. (9). A função S dada pela Eq. (9) é a expressão simplificada para a função Booleana dada pela Eq. (1). Esses resultados são ditos equivalentes

Questões, Exercícios, Atividades & Treinamento

Para a maioria das questões, pesquise na Internet, em diferentes fontes, para desenvolver sua expertise. Habitue-se, sempre, a anotar adequadamente, a referência de onde extraiu as informações, usando de preferência as normas da ABNT mais atual, ou outra norma que preferir, como IEEE, por exemplo.

1) Defina a Lógica.
2) O que é a Lógica Aristotélica?
3) O que é a Lógica Formal?
4) O que é a Lógica Proposicional?
5) O que Aristóteles pretendia com o desenvolvimento da Lógica?
6) Defina o que é a proposição dentro da Lógica.
7) Dê cinco exemplos de proposições, e cinco exemplos de não proposições.
8) Defina o que é um argumento dentro da Lógica
9) Dê cinco exemplos de argumentos matemáticos
10) Explique a diferença entre Lógica Aristotélica, Lógica Formal e Lógica Proposicional.
11) O que pode acontecer quando um programador de computador escrever um programa que usa argumentos que contém proposições falsas?
12) Explique o sistema de símbolos da Lógica?
13) O que são os conectivos lógicos dentro da Lógica e para que servem?
14) Dê três exemplos de uso para cada um dos cinco conectivos lógicos apresentados nesse capítulo.
15) Quando se inicia a Lógica Moderna? Explique.
16) Qual o papel de George Boole para a Lógica?
17) Qual o papel de De Morgan para a Lógica?
18) O que é a Lógica Simbólica?
19) Quais os trabalhos de George Boole que mais influenciaram a Lógica?
20) Quem desenvolveu a Álgebra Booleana? (Cuidado com esta questão, ela envolve discussões muito sutis)
21) Efetue as seguintes operações booleanas:
22) a-) A.1; b-) 1.1; c-) A.A; d-) A + 1; e-) 1 + 1; f-) 1 + A; g-) 0 + 1; h-) 1 + 1 + 1; i-) 1.0; j-) B + B; h-) B.1; m-) A + A.B; n-) A.(A + B); o-) A'.A; p-) A' + A
23) Explique por que a Álgebra Booleana é considerada um sistema simbólico?
24) Relacione os principais teoremas e regras da Álgebra Booleana.
25) A operação de adição lógica é semelhante a adição na álgebra ordinária? Explique.
26) Por que dizemos que o número de valores que cada variável pode assumir na Álgebra Booleana é finito?
27) Quais são as operações lógicas básicas na Álgebra Booleana?
28) Explique como obter as Tabelas-Verdade das três operações lógicas básicas: AND, OR e NOT.
29) Para que serve as Tabelas-Verdade?
30) Quais são os Teoremas de De Morgan? E para que eles servem?
31) Por que o trabalho no Analisador Diferencial influenciou Claude Shannon a

lançar as bases teóricas dos circuitos digitais e da teoria da informação?

32) Por que o Analisador Diferencial tinha uma grande importância cientifica na década de 1930 nos E.U.A?

33) O Analisador Diferencial era um dispositivo analógico. Explique por que um dispositivo analógico como o Analisador Diferencial apresenta uma grande desvantagem no quesito praticidade, quando pensamos em construir um computador com ele.

34) Porque o Analisador Diferencial de Vannevar Bush era tão grande? Havia uma maneira de fazê-lo num tamanho menor? Explique.

35) FIM

Capítulo 9 – A calculadora analógica gigante de Harvard

Embora muitos empreendimentos na História da Computação pareçam, à primeira vista, apenas um desperdício de dinheiro, não podemos deixar de considerar que ocorre muito frequentemente, também, um acúmulo de aprendizado que é reaproveitado em outros projetos e aprimoradas sucessivamente ao longo do tempo, até atingir um amadurecimento tecnológico considerável. Harvard Mark I foi uma das últimas calculadoras analógicas relevante na história da computação, pelo menos uma representante da sua categoria, construída na Universidade de Harvard, em 1937, por Howard H. Aiken. Na verdade, era uma calculadora mecânica gigante, excelente para realizar operações aritméticas básicas, por isso, tornando-se particularmente adequada para o cálculo de Tabelas Matemáticas, a qual foi sua principal ocupação durante a maior parte de sua vida útil de dezesseis anos. Neste capítulo, vamos discutir sobre as características dos computadores analógicos, tal como a Harvard Mark I, e entender o seu papel no início do desenvolvimento da computação.

Ao completar este capítulo, você estará apto a:
- Enumerar as motivações computacionais que levaram vários cientistas a propor um dispositivo de cálculo.
- Distinguir entre a Máquina Analítica e a Harvard Mark I.
- Ter uma noção de custo das grandes máquinas mecânicas e eletromecânicas de calcular, e entender por que esse tipo de computação é incompatível com a computação pessoal.
- Entender qual o papel da Segunda Guerra Mundial na Computação.
- Discutir sobre a computação analógica.
- Compreender o que são os sinais analógicos, o computador analógico e apontar análogos físicos correspondentes.
- Dar exemplos de computadores analógicos e discutir suas características.

Aiken e o Harvard Mark I

Em 1937, Howard Hathaway Aiken (1900-1973), um instrutor de matemática aplicada na Universidade de Harvard, elaborou uma proposta para uma calculadora eletromecânica, modificando os tabeladores e classificadores disponíveis na universidade. As motivações computacionais de Aiken eram semelhantes a todos que trabalhavam com atividades matemáticas intensas, pois, como estudante de engenharia em Harvard, Aiken passava muito tempo trabalhando com equações diferenciais durante muitas horas por dia. E, quanto mais Aiken pensava sobre a natureza da computação, mais ele se convencia de que o trabalho matemático poderia ser realizado por máquinas. Para realizar seu intento, como é comum nesse tipo de situação, Aiken saiu a procura de investimentos. Inicialmente, Aiken entrou em contato com a Monroe Calculating Machine Company, mas a empresa não se interessou. Em 1939, Aiken foi apresentado ao presidente da IBM na época, Thomas Watson, que concordou em apoiá-lo. Watson era um visionário e estava interessado na aplicação de equipamentos IBM para fins científicos. Em 1934, quando a ciência não era ainda um grande negócio e Watson nem esperava que o mercado científico se tornasse um dia uma fonte de receita importante, ele já tinha fundado um centro de computação na Universidade de Columbia para experimentar as máquinas IBM em astronomia, estatística e outros campos. Como Watson ficou impressionado com a proposta de Aiken, ele decidiu apoiar o projeto. Aiken se formou em engenharia elétrica, na Universidade de Wisconsin, em Madison, e posteriormente, trabalhou na empresa Westinghouse Electrical Manufacturing Company. Depois de mais de dez anos trabalhando na Westinghouse, ele decidiu retornar à universidade, primeiramente como estudante de graduação na Universidade de Chicago e, posteriormente, em Harvard. Quando Aiken conheceu Watson, Aiken já era um engenheiro maduro e com muita experiência prática. Nesse cenário, com a maior parte do financiamento fornecido pela IBM, a Calculadora Automática de Sequência Controlada (ASCC - Automatic Sequence Controlled Calculator), ou o Harvard Mark I, como também era chamado, foi concluído em 1943. Por questões de marketing e de política da empresa, a IBM exigia que seus produtos tivessem uma apresentação bonita e elegante, para atrair a atenção, e ser uma visão que impressionasse o público. Para a IBM, tudo não passava de uma questão de marketing, ou seja, o foco da empresa, nesse momento, não era computadores. Então, o Harvard Mark I estava envolto em uma moldura brilhante de vidro e aço inoxidável que dava à máquina um aspecto de ficção científica, e despertava no público em geral uma grande admiração pela empresa que tornou possível, um sopro da modernidade. A máquina pesava cinco toneladas e usava cerca de 750.000 peças. Um motor elétrico girava um eixo de metal que percorria o comprimento da máquina. Quando um número era inserido através da unidade de entrada de fita de papel, uma embreagem acoplava uma das três mil rodas numeradas do Harvard Mark I ao eixo por um período especificado, girando a roda para uma das dez posições. Quando uma adição era solicitada, a embreagem apropriada era engatada, as rodas numéricas associadas giravam e quaisquer carregamentos eram retransmitidos para a próxima roda numérica. O Harvard Mark I foi considerado uma grande conquista para o público em geral e para a imprensa, e foi noticiada como a primeira calculadora controlada por programa. A IBM e Aiken haviam conseguido dar vida ao sonho de Babbage. Mas, de fato, a beleza do Harvard Mark I era apenas superficial, sendo apenas uma calculadora mecânica gigante, baseada no sistema decimal, e incapaz de executar saltos condicionais. Embora Aiken se considerasse o herdeiro espiritual de Babbage, a sua máquina tinha pouco em comum com a Máquina Analítica, e infelizmente, ele não agregou muitas das características positivas da máquina de Babbage, que tornaria sua máquina mais bem sucedida. Em vez da estrutura centralizada que Babbage havia dado à Máquina Analítica, as funções do Harvard Mark I estavam distribuídas por toda a máquina, principalmente em setenta e dois acumuladores, embalados com rodas numéricas, que serviam como memórias, somadores e subtratores etc. Quando a máquina ficou pronta, já estava obsoleta, ultrapassada pelo computador digital eletrônico que estava quase pronto, em segredo, na Universidade da Pensilvânia. Todavia, o Harvard Mark I era uma poderosa ferramenta computacional, levando apenas três segundos para multiplicar dois números decimais de vinte e três dígitos, e produzir a resposta em cartões perfurados. Assim, embora Aiken e a IBM tivessem chegado a um beco sem saída tecnológico, como o Harvard Mark I era capaz de lidar com operações aritméticas básicas com relativa eficiência, tornou-se particularmente adequado para o cálculo de tabelas matemáticas, que foi sua principal ocupação durante a maior parte de sua vida útil de dezesseis anos. O Harvard Mark I custou uma quantia de US $ 500.000, sendo dois terços da IBM e o restante da Marinha dos EUA, que o requisitou para serviços da Segunda Guerra Mundial. Como o Harvard Mark I era uma enorme calculadora mecânica gigante, ele não exerceu grande influência sobre o desenvolvimento dos computadores eletrônicos, e nem foi considerado na época um bom investimento, uma vez que, a tecnologia digital concorrente parecia ser mais promissora, oferecendo muito maiores vantagens. Mas esse é um assunto que será tratado mais à frente.

Computadores Analógicos

Um computador, qualquer que seja a sua natureza, de uma forma geral, pode ser compreendido como um dispositivo que é capaz de receber dados de entrada do meio exterior, processar esses dados de alguma forma, e transformar esses dados em uma informação útil, na saída, tal como esquematizado na Figura (23).

Figura 31 - Computador analógico recebe uma entrada do meio externo.

Na Figura (23), temos na entrada de um computador analógico, um sinal analógico que pode desencadear um processo de computação, ou um processamento analógico, que irá produzir uma saída analógica. O sinal analógico na entrada do computador é uma informação, que será processada, e deverá resultar numa informação desejada. O processamento está aqui representado por uma caixa preta, pois, a partir do disparo de um sinal analógico de entrada, onde inicialmente são coletadas informações, ou dados que deverão ser processados, desencadeia uma sucessão de tarefas que são executadas ordenadamente, de modo a produzir no final, na saída, um resultado que o usuário pretende utilizar. O sinal analógico depende do tipo de computação que se deseja efetuar, ou do problema específico que se pretende resolver, o que pode abranger desde problemas muito simples, até problemas extremamente complexos. De fato, como a maior parte dos sinais na vida cotidiana são analógicos, os exemplos de tecnologia analógica são vastíssimos. Assim, as ondas sonoras, a luz, a tensão elétrica, a corrente elétrica, as variações de temperatura, a umidade, a pressão, as várias medidas físico-químicas e uma imensa variedade de outros sinais que vem da natureza, são analógicos. Quase tudo é analógico. Os seres humanos percebem o mundo na forma analógica, o que explica por que tudo o que vemos, falamos e ouvimos é transmitido em um fluxo contínuo e infinito de informações, e, por isso, podemos considerar o cérebro humano como um computador analógico muito poderoso, que recebe continuamente sinais analógicos e os processa permanentemente e paralelamente. Um sinal analógico é definido como um sinal contínuo que representa medições físicas, ou seja, variáveis num intervalo contínuo de valores, e o computador analógico é um dispositivo de computação que lida com essas variáveis contínuas, e simula um processo de computação, onde uma quantidade de interesse é sempre proporcional ao valor de uma quantidade física, como, comprimento, velocidade, temperatura, tensão, corrente, pressão, deflexão etc., podendo ser projetado para modelar diversos tipos de problemas. A palavra analógico está fortemente relacionada ao uso de uma ferramenta que opera de forma análoga ao problema que se quer resolver. Frequentemente, não se sabe resolver um determinado problema diretamente, mas, é possível mostrar que, um outro problema, que apresenta uma solução conhecida, funciona de forma tão parecida, tão análoga, que é possível capturar todas as informações do sistema que se deseja investigar, usando-se o problema alternativo. Assim, na computação analógica, estamos sempre medindo parâmetros físicos, tal como, comprimento, peso, velocidade, altura, temperatura, tensão, corrente, para fazer uma analogia entre duas quantidades. Qualquer dispositivo que faça isso, denominamos de computador analógico ou dispositivo analógico. De fato, estamos cercados por computadores analógicos. Alguns muito comuns, outros nem tanto. A diversidade da natureza dos computadores analógicos pode causar estranheza, confundir o estudante, e não favorecer o entendimento natural. Por isso, neste capítulo, vamos discutir alguns exemplos, fazendo-se uma análise muito simples, apenas para oferecer uma noção didática e elementar de cada caso.

Exemplo 57

A régua é talvez um dos exemplos mais simples de dispositivos analógicos conhecidos, cuja função específica é fornecer o tamanho de objetos nos sistemas padrão de medidas usuais, oferecendo comprimento, largura ou espessura, com uma determinada incerteza na medida, estabelecida a partir da menor divisão do instrumento, pois a leitura é estimada por quem realiza a medida.

Figura 32 - Computador analógico: régua, mostrando ENTRADA, PROCESSAMENTO E SAÍDA.

Para se utilizar esse computador analógico, o comprimento da altura do cilindro a ser medido, deve estar no intervalo contínuo, $0 \leq x \leq x_R$, com x_R o comprimento da régua. No exemplo mostrado na Figura (24), o comprimento x_L do segmento de régua tem o mesmo comprimento da altura do cilindro a ser medido, sendo x_L uma representação análoga do comprimento da altura do cilindro, uma excelente analogia, que fornece a ideia do que o termo analógico significa. Neste caso, o comprimento x_L do segmento de régua está diretamente relacionado ao comprimento da altura do cilindro. Note que, o comprimento x_L do segmento de régua não é o comprimento da altura do cilindro, mas é uma representação ou uma analogia do comprimento da altura do cilindro. Por isso, a régua é um ótimo exemplo de computador analógico mecânico. Quantidades analógicas variam num intervalo contínuo de valores. No caso da régua, o comprimento de um objeto pode estar entre zero e o comprimento da régua que se utiliza para medi-lo, $0 \leq x \leq x_R$.

Exemplo 58

A régua de cálculo, estudada na Seção (2.12), é um dos dispositivos de computação analógica mais básicos que existe, e foi uma ferramenta educacional muito valiosa durante muito tempo, sendo uma calculadora mecânica de bolso, indispensável no trabalho de um engenheiro, antes da invenção das calculadoras e computadores eletrônicos digitais. A descoberta dos logaritmos de Napier em 1614, permitiu a transformação da multiplicação em adição, e simplificou muito a possibilidade de mecanização do cálculo, resultando no aparecimento de dispositivos de cálculo analógicos, tais como a régua de cálculo, representando valores com comprimentos físicos análogos e contínuos.

Figura 33 - Computador analógico: régua de cálculo.

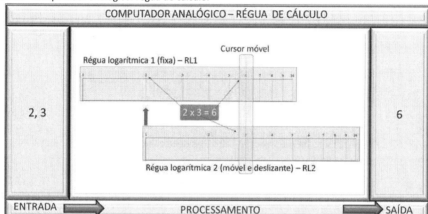

A régua de cálculo é uma calculadora analógica baseada na propriedade dos logaritmos:
$$\log(x_A \cdot x_A) = \log(x_A) + \log(x_B),$$
onde x_A e x_B são números reais positivos, quaisquer, e o produto de dois números pode ser obtido, simplesmente. Inicialmente as réguas de cálculo foram usadas para a realização de cálculos de multiplicação e divisão, e posteriormente descobriu-se o seu uso para outras funções, tais como o cálculo de funções exponenciais, trigonométricas etc. A operação da régua de cálculo baseia-se no alinhamento dos índices e sobreposição de escalas, em que os índices precisam ser alinhados o mais precisamente possível para se obter o resultado desejado, o que pode ser alcançado usando-se um tipo de cursor móvel como o mostrado na Figura (25). No Exemplo 2 queremos efetuar a multiplicação entre os números, $x_A = 2$ e $x_B = 3$. O problema análogo aqui, é, ao invés de fazer uma multiplicação, realiza-se uma soma de logaritmos, e isso pode ser facilmente implementado na prática usando-se duas réguas logarítmicas, 1 e 2, que inicialmente coincidem na origem, sendo a régua logarítmica 1 fixa, e a régua logarítmica 2, móvel, podendo se deslocar por um trilho paralelo, como se estivesse deslocando sobre a régua logarítmica 1. Para realizar a multiplicação usando-se a nossa régua de cálculo simplificada, desliza-se a régua logarítmica 2 como sobre a régua logarítmica 1, até que a origem da régua logarítmica 2, indicada por uma seta na sua origem, coincida com o primeiro menor número da multiplicação, $x_A = 2$. Em seguida, deslocamos o cursor móvel até encontrar o segundo número da multiplicação, $x_B = 3$, na régua logarítmica 2. O valor da multiplicação pode ser encontrado seguindo a linha do cursor móvel até coincidir com a régua logarítmica 1, $x_A \cdot x_B = 6$. Na entrada do

computador analógico, temos dois números, $x_A = 2$ e $x_B = 3$. A régua de cálculo possibilita o processamento desses valores de entrada, para fornecer a multiplicação desses números: (1) deslizando-se a RL2, até a seta da RL2 coincidir na RL1, com o primeiro número da multiplicação, $x_A = 2$. (2) Movendo-se o cursor móvel de modo a encontrar na RL2 o segundo número da multiplicação, $x_B = 3$, temos acima, na RL1 o resultado do cálculo da multiplicação, 6, indicada pela linha do cursor móvel. Gostaríamos de chamar a atenção aqui, para uma característica muito importante dos computadores analógicos. Os computadores analógicos são projetados para realizar tarefas especificas. O aparato mostrado na Figura (25) foi projetado exclusivamente para efetuar multiplicações. Assim, é neste sentido, que podemos dizer, que o computador analógico é específico para funções específicas. Para realizar outro tipo de operação, o dispositivo precisa ser projetado especificamente para esse outro trabalho, quando então novas escalas e sistemáticas deverão ser incorporadas para que o dispositivo ofereça múltiplas opções. Não é sem razão, que as réguas de cálculo se tornaram uma verdadeira obra de engenharia, um computador mecânico de bolso indispensável antes do aparecimento das calculadoras eletrônicas portáteis, oferecendo recursos facilmente, apenas deslizando escalas e cursor móvel.

Exemplo 59

Um relógio analógico indica as horas com ponteiros que giram em torno de um mostrador, e é um bom exemplo de computador analógico, como esquematizado na Figura (26). Trata-se de uma máquina composta de várias partes, sendo uma delas, um dispositivo que executa movimentos regulares em intervalos de tempo iguais, e esta parte encontra-se conectada a um mecanismo de contagem que regista o número de movimentos.

Figura 34 - Computador analógico: relógio mecânico

Quando se dá corda a um relógio mecânico, na verdade estamos fornecendo a energia necessária para que o relógio funcione por um determinado período, dias, semanas etc. Podemos considerar que a entrada do sistema computacional do relógio se dá no processo de dar corda, quando, na maioria das vezes, uma mola principal dentro do relógio é enrolada e vai-se desenrolando vagarosamente, dentro de um tempo previamente calculado pelo fabricante, a partir do estudo da geometria e da cinemática das engrenagens, fazendo funcionar uma série de rodas dentadas que por fim movem os ponteiros do relógio, de uma forma contínua, até, como é habitual se dizer, acabou a corda do relógio, isto é, a mola principal dentro do relógio já se desenrolou por inteiro, e então é necessário dar corda novamente para que ele continue a funcionar. O funcionamento de um relógio analógico depende de um oscilador mecânico estável, em que a energia armazenada, a cada ciclo completado, avança um ponteiro, a uma taxa controlada. Neste caso, a posição dos ponteiros está diretamente relacionada a que horas são, e assim oferece uma medida o tempo. Note que, o movimento dos ponteiros não é o tempo, mas é uma representação ou uma analogia do tempo. A representação é tão boa que foi incorporada facilmente no cotidiano das pessoas há séculos. Vários exemplos de computadores analógicos mecânicos, além dos relógios mecânicos, incluem calculadoras mecânicas, contadores mecânicos etc., e usam peças mecânicas como engrenagens, eixos, cames etc., para medir o tempo, realizar cálculos como multiplicação, divisão, efetuar contagens etc. Todos os dispositivos analógicos de medição funcionam de forma muito semelhante.

Exemplo 60

O velocímetro analógico é um dispositivo que é capaz de medir a velocidade de um veículo em movimento, e é um exemplo de computador analógico, como esquematizado na Figura (27). O velocímetro analógico calcula a velocidade do carro baseando-se na velocidade que as rodas do carro estão girando, e a partir disso, podemos ler a velocidade do veículo num mostrador com um ponteiro. A ideia fundamental por trás do mecanismo é a conexão entre o ponteiro e as rodas giratórias usando-se o eletromagnetismo. Um campo magnético gerado por um ímã acoplado ao eixo da engrenagem do carro gera um sinal analógico que é usado para desviar o ponteiro no mostrador, que pode se mover livremente, pela escala graduada do velocímetro, geralmente em quilômetros por hora. Neste caso, a posição do ponteiro está diretamente relacionada a velocidade do veículo. Note, entretanto que, o movimento giratório das rodas do carro é o análogo físico que se usa para descobrir a velocidade instantânea do veículo.

Figura 35 - Computador analógico: velocímetro.

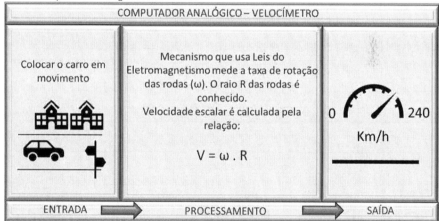

Exemplo 61

Um termômetro analógico faz uso de uma escala graduada e das propriedades físicas do mercúrio para cumprir sua operação. O mercúrio é líquido à temperatura ambiente e se expande com o aquecimento. Neste caso, podemos entender a temperatura corporal como um sinal analógico, que aquece o mercúrio, e pelos efeitos que essa temperatura provoca no mercúrio, ele se expande, podendo assim, revelar a temperatura corporal de um indivíduo, fazendo-se a leitura na escala graduada. Assim, um termômetro analógico é um ótimo exemplo de computador analógico, como se encontra esquematizado na Figura (28).

Figura 36 - Computador analógico: termômetro de mercúrio.

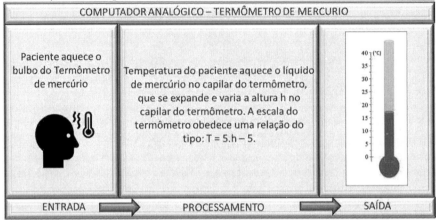

O termômetro de mercúrio é um computador analógico, que é uma máquina que consiste num recipiente de vidro na forma de um capilar, que contém mercúrio líquido, que pode se expandir dentro do volume do recipiente, dependendo da temperatura que é mantida o bulbo, o mercúrio varia de uma quantidade h. A relação entre h e T é conhecida experimentalmente, e uma função do tipo: $T = 5.h - 5$. A entrada para esse computador é a temperatura corporal do paciente, o sinal analógico.

Exemplo 62

Um filme fotográfico antigo é um exemplo de tecnologia analógica, em que, uma imagem é capturada em um pedaço de filme plástico transparente revestido com produtos químicos à base de prata, que reagem à luz.

Figura 37 - Computador analógico: Máquina fotográfica.

Submetendo esse filme plástico a um processo químico em laboratório, chamado de revelação, a imagem fotografada pode ser finalmente impressa num papel fotográfico. Note que, a imagem impressa no papel fotográfico é uma analogia da imagem fotografada. Por isso, as máquinas fotográficas antigas são consideradas dispositivos analógicos. Analogamente, de forma muito semelhante, pode-se gravar sons em um gravador de fita cassete antigo, quando a gravação é realizada pelas áreas magnetizadas em uma longa bobina de fita plástica, que representa uma analogia dos sons originais. A Figura 8 esquematiza uma máquina fotográfica Antiga, mostrando ENTRADA, PROCESSAMENTO e SAÌDA.

Exemplo 63

O sismógrafo analógico é um dispositivo usado para registrar a intensidade de um terremoto, e pode ser considerado um exemplo de computador analógico, como esquematizado na Figura 38. As ondas produzidas durante um terremoto são chamadas de ondas sísmicas. O aparelho do sismógrafo é mantido em contato com a superfície da Terra, e é projetado de tal maneira que se torna sensível aos movimentos dela, de cima para baixo. Por isso consegue detectar ruídos e tremores do solo, como os causados por terremotos, erupções vulcânicas e explosões, detectando qualquer movimento do solo, fornecendo uma medida muito precisa do movimento vertical. A saída do dispositivo é em geral gravada em um papel, e os dados registrados podem ser usados para localizar e caracterizar terremotos. Note que, o desenho registrado no papel não é o terremoto, mas é uma representação ou uma analogia do terremoto, que dá ideia da intensidade do fenômeno.

Figura 38 - Computador analógico: sismógrafo.

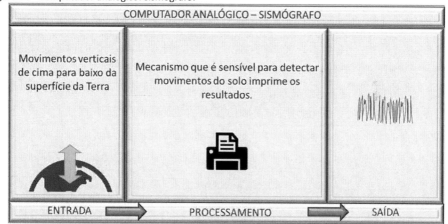

Exemplo 64

Um preditor de maré analógico é uma máquina de previsão de marés, que utiliza máquinas mecânicas para observar a altura das ondas de água em intervalos regulares. Um preditor de maré é um exemplo ideal de um computador analógico mecânico, como esquematizado na Figura (31). Marés são movimentos oceânicos, e alterações cíclicas do nível das águas do mar causadas pelos efeitos combinados da rotação da Terra com as forças gravitacionais exercidas pela Lua e pelo Sol. Os efeitos das marés traduzem-se em subidas e descidas periódicas do nível das águas cuja amplitude e periodicidade é influenciada por fatores locais. Como a localização e o movimento do Sol, Terra e Lua são bem conhecidos há séculos, o homem aprendeu a dominar essa técnica desde muito cedo, sendo por isso fácil prever as marés de maneira precisa. Sempre que ocorre uma maré alta, a máquina envia um alerta. A altura das ondas de água é o sinal analógico. Neste caso, a altura das ondas de água está diretamente relacionada à maré. Note, entretanto que, a altura das ondas de água não é a maré, mas é uma representação ou uma analogia da maré.

Figura 39 - Computador analógico: preditor de maré.

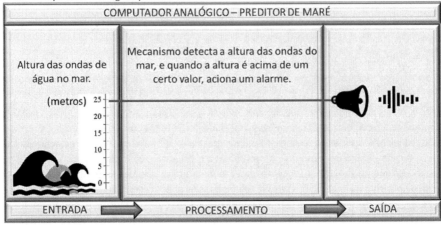

Exemplo 65

Um voltímetro analógico é um exemplo de computador analógico, como esquematizado na Figura (32). Na entrada do voltímetro, o sinal analógico é a tensão aplicada. O funcionamento de um voltímetro analógico baseia-se em passar uma corrente através de uma bobina móvel suspensa entre dois ímãs permanentes.

Figura 40 - Computador analógico: voltímetro.

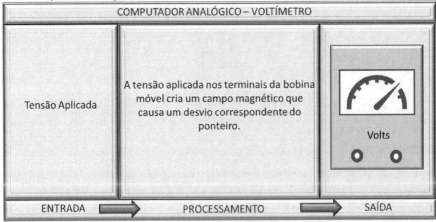

Quando uma tensão é aplicada, um resistor de resistência, R, conhecida, é colocado em série com os cabos de medição, a Lei de Ohm é válida, e a bobina se move em relação aos ímãs permanentes. A tensão aplicada através da bobina cria um campo magnético que atua contra os ímãs permanentes entre os quais o pivô do ponteiro é colocado. Este campo magnético causa um desvio correspondente do ponteiro, e a deflexão do ponteiro será em proporção direta à quantidade de tensão aplicada à bobina móvel que envolve o pivô do ponteiro, e esse desvio é indicado pelo ponteiro no mostrador. Neste caso, a posição do ponteiro está diretamente relacionada à tensão aplicada. Note, entretanto que, o movimento do ponteiro não é a tensão aplicada, mas é uma representação ou uma analogia da tensão. Até os computadores eletrônicos digitais entrarem em cena nas primeiras décadas do século XX, todos os instrumentos de medição eram analógicos. Para medir uma corrente elétrica naqueles tempo seria necessário utilizar um dispositivo com um medidor de bobina móvel que tinha um pequeno ponteiro que se movia sobre um mostrador, e fazia-se a leitura do ponteiro no mostrador para se obter o valor da corrente. O ponteiro era uma analogia da corrente, de forma semelhante ao discutido no Exemplo 9.

Exemplo 66

O Analisador Diferencial estudado na Seção (6.14) é um exemplo de computador analógico, como esquematizado na Figura (33). Os primeiros computadores construídos no início do século XX eram analógicos, e tinham como principal objetivo calcular alguma coisa muito específica. Bush inventou o Analisador Diferencial na década de 30 do século XX para modelar as redes de energia do seu trabalho, mais precisamente, problemas relacionados a falhas e apagões em redes de energia. A máquina era um conjunto completamente mecânico de engrenagens e eixos acionados por motores elétricos, que podiam resolver uma equação diferencial arbitrária de sexta ordem.

Figura 41 - Computador analógico: analisador diferencial.

O Analisador Diferencial era programado inserindo-se os dados na máquina de uma forma muito complicada. Primeiramente, o programador elaborava uma tabela contendo todos os valores que deveriam ser inseridos na máquina. Em seguida, o programador reorganizava os eixos e engrenagens, a cada novo problema, o que exigia muita habilidade mecânica dos que a manipulava, sendo muito pouco prática. Além disso, ocupava muito espaço, e não tinha uma aparência agradável, embora funcionasse muito bem, gerando soluções com uma margem de imprecisão de 2%, o melhor que se poderia esperar de uma calculadora analógica, naquela época, reduzindo consideravelmente o tempo de execução da tarefa, passando de meses, para apenas dois ou três dias, o que foi sem dúvida um grande avanço tecnológico. Entretanto, diferentemente da ideia de uso geral que atribuímos ao computador digital moderno, quando uma mesma máquina pode ser usada por um poeta, um matemático ou um médico, o computador analógico apresenta sempre um fim específico. A natureza dos dispositivos analógicos, como o Analisador Diferencial, os torna inadequados para uma computação precisa, versátil, e de uso geral.

Exemplo 67

A máquina de Anticítera estudada na Seção (1.5) é considerada o primeiro computador analógico que se tem notícia. Um conjunto de rodas e engrenagens roídas pelo sal e pelo tempo, supostamente projetado para calcular posições astronômicas, prever eclipses solares e lunares, e prever datas no calendário com vários anos de antecedência. Um relógio astronômico, um relógio com mecanismos e mostradores especiais para exibir informações astronômicas.

Uma máquina mecânica como a Anticítera deve possuir uma enorme quantidade de relações entre engrenagens e eixos para produzir aquilo que foi projetado para fazer. O Harvard Mark I, estudado na Seção (8.1), é um exemplo de computador analógico mecânico gigante, cujo sistema mecânico de engrenagem era acionado por um motor elétrico. O Harvard Mark I era uma poderosa ferramenta computacional, todavia, essa máquina tinha um fim específico, o de realizar operações aritméticas básicas, sendo por isso, de fato, uma calculadora mecânica, e um projeto analógico gigantesco. Além disso, os primeiros computadores analógicos eletrônicos dependiam de enormes tubos à vácuo para operar, e esses tubos ocupavam muito espaço, requeriam manutenção frequente e eram extremamente caros. Todavia, com o tempo, os computadores analógicos eletrônicos evoluíram muito e os computadores analógicos eletrônicos modernos usam componentes eletrônicos, tais como resistores, capacitores, indutores, transistores, etc., de tamanho muito menor do que as antigas válvulas, reduzindo seu tamanho geral. Nesses dispositivos, um sinal elétrico flui através de um circuito e experimenta variações na amplitude, na frequência, na fase e em outras propriedades relacionadas, e essa alteração pode ser usada de forma conveniente para gerar o resultado que se deseja. Mas, isso tudo, é assunto dos próximos capítulos.

Figura 42 - Computador analógico: máquina de Anticítera.

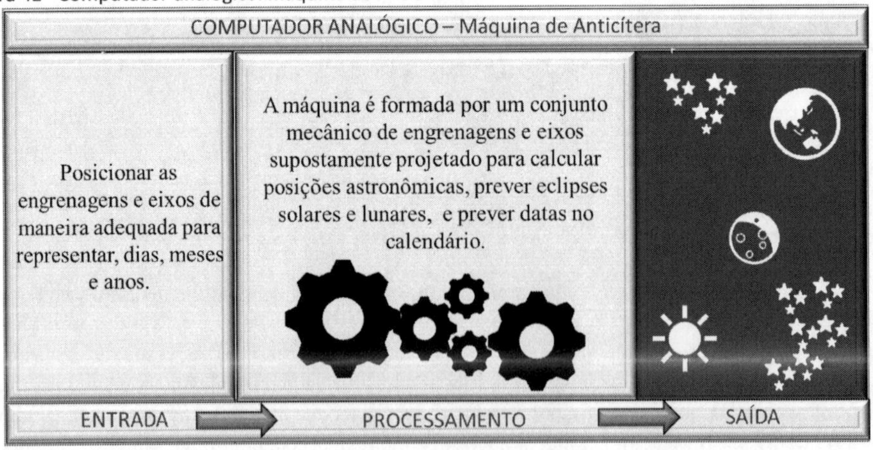

Por fim, a Tabela 8 relaciona os computadores analógicos, os análogos físicos e os correspondentes sinais analógicos.

Tabela 8 -Relação entre computador analógico, análogo físico e sinal analógico.

	Computador analógico	Análogo físico	Sinal analógico
1	Régua simples	o comprimento x_L do segmento de régua que tem o mesmo comprimento de um objeto que se quer medir.	O comprimento x_L
2	Régua de cálculo	Usa-se os comprimentos análogos de réguas logarítmicas	x_A , x_B
3	Relógio analógico	O movimento dos ponteiros num mostrador do relógio reflete cada ciclo completado num pêndulo ou num sistema massa-mola, ou em qualquer oscilador mecânico estável.	Cada oscilação completada de um oscilador mecânico estável.
4	Termômetro de Mercúrio	Altura do mercúrio líquido dentro da haste capilar quando o bulbo de mercúrio entra em contato com a temperatura do paciente.	Temperatura
5	Velocímetro analógico	Velocidade de rotação das rodas do carro	velocidade de rotação das rodas do carro
6	Máquina Fotográfica Analógica	Filme plástico transparente revestido com produtos químicos à base de prata que sofreram reação química quando são expostos à luz.	Luz
7	Gravador de fita cassete antigo	Bobina de fita plástica que pode ser magnetizada durante a exposição de um som que se quer gravar. A reprodução das áreas magnetizadas representa uma analogia dos sons originais	Som
8	Sismógrafo analógico (mede a intensidade de um terremoto)	Movimentos verticais da superfície da Terra são registrados através de um sistema mecânico de detecção muito sensível, capaz de registrar qualquer movimento do solo.	Movimentos verticais da superfície da Terra
9	Preditor de maré analógico	Observação da altura das ondas de água em intervalos regulares.	Altura das ondas de água em função do tempo.
10	Voltímetro analógico	A deflexão de uma bobina no interior do instrumento que ocorre devido à aplicação de uma tensão nos terminais do dispositivo, e está relacionada ao movimento do ponteiro no mostrador	Tensão
11	Analisador Diferencial	Relações entre engrenagens e eixos da máquina correspondem a resultados de uma equação	Movimentos mecânicos nas engrenagens e eixos.

		diferencial arbitrária de até sexta ordem	
12	A máquina de Anticítera	Relação entre rodas e engrenagens correspondem a movimentos de corpos celestes tais como o Sol, a Terra e a Lua.	Movimentos mecânicos nas engrenagens e eixos.
13	Harvard Mark I	Relações entre engrenagens e eixos da máquina correspondem a resultados de operações aritméticas básicas.	Movimentos mecânicos nas engrenagens e eixos.

Questões, Exercícios, Atividades & Treinamento

Para a maioria das questões, pesquise na Internet, em diferentes fontes, para desenvolver sua expertise. Habitue-se, sempre, a anotar adequadamente, a referência de onde extraiu as informações, usando de preferência as normas da ABNT mais atual, ou outra norma que preferir, como IEEE, por exemplo.

1) Quais eram as motivações computacionais de Howard Hathaway Aiken para elaborar seu projeto de calculadora eletromecânica?
2) Aiken obteve apoio financeiro de quem para realizar seu projeto?
3) Descreva brevemente os aspectos técnicos da Calculadora Automática de Sequência Controlada de Aiken.
4) A IBM tinha muito interesse no desenvolvimento de computadores em 1937? Qual era o foco da empresa nessa época?
5) Pode-se dizer que a calculadora Harvard Mark I era muito parecida com a Máquina Analítica de Babbage? Explique.
6) Por que Aiken se considerava o herdeiro espiritual de Babbage?
7) Por que quando a Harvard Mark I ficou pronta ela já estava ultrapassada? Explique.
8) Qual foi a maior funcionalidade da Harvard Mark I em sua vida útil?
9) A Harvard Mark I trabalhou para o esforço de guerra dos EUA? Explique.
10) Quanto custou a Harvard Mark I? Foi um bom investimento? Justifique.
11) O que a palavra analógico significa?
12) Descreva os computadores analógicos.
13) A régua é um exemplo de computador analógico? Por quê?
14) As Hastes de Napier ou Ossos de Napier são computadores analógicos? Justifique.
15) As Máquinas de Babbage são dispositivos analógicos? Justifique.
16) A calculadora de Schickard é um dispositivo analógico? Justifique.
17) A calculadora Pascaline é um dispositivo analógico? Justifique.
18) A calculadora de Leibniz é um dispositivo analógico? Justifique.
19) Dê exemplo de dez computadores analógicos, e relacione os análogos físicos e os respectivos sinais analógicos.
20) Descreva os computadores analógicos eletrônicos nos primórdios do desenvolvimento da eletrônica.
21) O que é um sinal analógico?
22) O que é um computador analógico?
23) Sinais analógicos são sempre funções contínuas? Explique.
24) Dê exemplos de sinais analógicos e funções contínuas.
25) Para que serviam os tubos à vácuo nos primórdios da eletrônica?
26) Simuladores de voo podem ser considerados computadores analógicos? Discuta.

Capítulo 10 – O despertar da era digital

Como os computadores analógicos, tais como, o Analisador Diferencial e o Harvard Mark I prometiam um futuro enlouquecedor, em termos de programação de eixos e engrenagens, mentes brilhantes, como Claude Shannon e Augustus De Morgan, deslocaram o centro das atenções das máquinas mecânicas para um alvo mais abstrato e inovador: máquinas que implementavam a álgebra Booleana, para fazer mais, e melhor. Curiosamente, na mesma época em que Shannon desenvolvia sua pesquisa sobre circuitos elétricos de chaveamento e o formalismo Booleano, outros cientistas também buscavam construir uma máquina de computação digital. Um deles, era George Stibitz, um jovem físico que trabalhava na Bell Telephone Laboratories, em Nova York, no ano de 1937. Outro, no mesmo ano, era o professor de física chamado John Atanasoff, que trabalhava na Faculdade Estadual de Iowa, nos Estados Unidos, com problemas que também demandavam muitos cálculos. Com base nos novos avanços trazidos pelo trabalho de Shannon, Stibitz, Atanasoff e outros, neste capítulo, vamos discutir sobre as características dos computadores digitais, e compreender por que eles dominaram a tecnologia de computadores eletrônicos do século XX.

Ao completar este capítulo, você estará apto a:

- Compreender como se deu o início da era digital.
- Identificar a importância do trabalho de Claude Shannon na Ciência da Computação.
- Compreender a correspondência entre expressões Booleanas, Tabelas-verdade, e circuitos lógicos.
- Desenhar o circuito lógico de funções Booleanas simples, e adquirir noções sobre equivalência de circuitos lógicos.
- Descrever a relação entre relés e matemática binaria.
- Explicar como se deu a primeira transmissão de dados online entre duas cidades vizinhas, Hanover e Nova York, em 1939.
- Discutir o papel da Segunda Guerra Mundial no desenvolvimento da computação.
- Compreender as características das máquinas de Stibitz e de Atanasoff, e discutir a importância delas no desenvolvimento da computação.
- Estabelecer a ligação entre o trabalho de Claude Shannon, o somador de cozinha de Stibitz e o ABC de Atanasoff.
- Desenvolver uma noção de custo das primeiras máquinas digitais e comparar com o custo das grandes calculadoras mecânicas analógicas
- Descrever as características do computador digital, distinguir as diferenças do computador analógico e digital, discutir o que são computadores híbridos e dar exemplos de cada caso.

Claude Shannon e o Analisador Diferencial

Claude Elwood Shannon (1916-2001) foi um matemático e engenheiro elétrico americano que lançou as bases teóricas dos circuitos digitais e da teoria da Informação. Bacharelou-se em matemática e engenharia elétrica na Universidade de Michigan, e depois foi trabalhar no Instituto de Tecnologia de Massachusetts (MIT). Em 1936, foi contratado como assistente de pesquisa, para trabalhar no laboratório de Bush, para tomar conta de um dispositivo de computação mecânico, muito desajeitado e cheio de manivelas, conhecido como Analisador Diferencial. O Analisador Diferencial tinha grande importância científica na década de 1930, pois foi a primeira máquina, efetivamente, a resolver equações diferenciais complexas, capazes de descrever o comportamento de objetos realmente de interesse, tais como, o estudo do movimento de aeroplanos. Os cálculos envolvidos nas equações dos projetos científicos e de engenharia nesse período nos grandes centros de pesquisa eram muito trabalhosos, e com a ajuda apenas de calculadoras automáticas, normalmente custavam aos engenheiros meses de cálculos manuais. Por essa razão, o Analisador Diferencial era considerado uma grande aquisição, e ocupava um papel de destaque em problemas de ciências e engenharia. Mas, apesar do grande interesse no Analisador Diferencial, a máquina apresentava algumas desvantagens que despertava um certo incomodo que motivava os que trabalhavam na área, a procurar por novas soluções. Os aspectos negativos mais importantes eram:

1-) O Analisador Diferencial era um conjunto de eixos, engrenagens e fios, distribuídos em estruturas que cobriam a extensão de uma sala enorme, sendo muito desengonçado, barulhento, e muito maior do que a Máquina Analítica de Babbage, que já era considerada uma grande geringonça. De fato, todo o seu enorme tamanho se devia ao seu projeto que exigência a necessidade de computar com todos os dez dígitos do sistema decimal de numeração. Vale ressalta que, o emprego de um sistema de computação binário reduziria sobremaneira o tamanho da máquina.

2-) Além disso, outra desvantagem da máquina, era que, o Analisador Diferencial era um dispositivo analógico, que media movimentos e distâncias, e realizava suas computações a partir dessas medidas. Isso significa que, quando se tinha em mãos, um problema para se resolver, era necessário montar a máquina especificamente para resolver aquele determinado problema, característica fundamental das máquinas analógicas, exigindo que se calculasse uma enorme quantidade de relações de engrenagens e eixos, o que podia demorar dois ou três dias. A mudança para um outro problema era um exercício igualmente enfadonho, que precisava ser totalmente recalculado, levando igualmente o mesmo tempo. Ademais, em geral, essas operações deixavam as mãos do operador cobertas de óleo. Todos esses aspectos negativos desses dispositivos analógicos, fazia com que muitos pesquisadores e engenheiros lançassem seus olhares para novos horizontes, que oferecessem talvez mais vantagens quanto a esse ponto de vista.

Sem sombra de dúvida, toda essa experiencia de Shannon com o Analisador Diferencial foi, de fato, muito importante, pois o levou definitivamente a olhar em outra direção do desenvolvimento tecnológico, por acreditar, que de alguma forma, ele poderia melhorar aquele Analisador Diferencial. E, de fato, ele o faria mais tarde, como veremos na próxima seção.

Shannon - uma ponte entre teoria algébrica e de circuitos

Tendo em vista a necessidade de se aprimorar o Analisador Diferencial, Bush sugeriu que Shannon estudasse a organização lógica da máquina para a sua tese de mestrado. No verão de 1937, Shannon fazia um estágio na American Telephone and Telegraph's Bell Laboratories, na cidade de Nova York, e essa experiência o inspirou profundamente e influenciou toda a sua pesquisa posterior. Como Shannon havia estudado álgebra Booleana em seu curso universitário, ao tomar contato, em seu curso de verão, com a tecnologia de projetos de circuitos elétricos na Bell Labs, Shannon começou a notar a semelhança entre as operações Booleanas e as operações de um circuito elétrico. Shannon teve a percepção correta e compreendeu as implicações que essa semelhança teria no projeto de circuitos elétricos num computador, caso, fossem instalados, de acordo com os princípios Booleanos.

Shannon percebeu que tais circuitos poderiam expressar a lógica Booleana e testar a verdade das proposições, bem como executar cálculos complexos, executando operações muito simples. Tendo tudo isso em mente, Shannon prosseguiu com suas ideias sobre o uso de números binários, álgebra Booleana, circuitos elétricos, e desenvolveu-as em seu trabalho de pesquisa, e em 1940, obteve o título de mestre em engenharia elétrica e o título de doutorado em matemática pelo MIT. A tese de mestrado de Shannon, intitulada, *A Symbolic Analysis of Relay and Switching Circuits*, de 1940, usava a Álgebra Booleana para estabelecer os fundamentos teóricos dos circuitos digitais. Como os circuitos digitais são fundamentais para o funcionamento dos computadores atuais e para os equipamentos de telecomunicações, a dissertação de mestrado de Shannon é até hoje considerada uma das teses de mestrado mais influentes do século XX, tendo apresentado um efeito imediato sobre o planejamento dos sistemas telefônicos da época, e ainda ocupa uma posição central no desenvolvimento da moderna ciência dos computadores. Por outro lado, sua tese de doutorado, intitulada *An Algebra for Theoretical Genetics*, também de 1940, não teve o mesmo destaque. A dissertação de mestrado de Shannon teve duas consequências importantes: transformou o projeto de circuitos, de uma arte, em uma ciência, e permitiu a compreensão de que informações podiam ser tratadas como qualquer outra quantidade matemática e que estavam sujeitas à manipulação de uma máquina. Por isso, não é sem razão, que podemos dizer que, Shannon construiu uma ponte entre a teoria algébrica e aplicação prática de teoria de circuitos. Em 1941, Shannon foi trabalhar com sistemas de controle de mísseis antiaéreos no Departamento de Matemática da Bell Labs. Em 1948, Shannon publicou um trabalho seminal que mais tarde passaria a ser chamado de Teoria da Informação, *A Mathematical Theory of Communication*, baseando-se no trabalho de outros gigantes pesquisadores da Bell Labs, tais como Harry Theodor Nyquist (1889-1976) e Ralph Vinton Lyon Hartley (1888-1970), onde estabeleceu os resultados básicos de Teoria da Informação de uma forma tão completa que sua estrutura e terminologia ainda são usadas até os dias de hoje. Trata-se de uma edição histórica, que parece conter o primeiro uso do termo *bit,* publicado para designar um único dígito binário, onde Shannon propôs um método para definir e medir a Informação em termos matemáticos, e escolhas do tipo, SIM-NÃO, 0-1, V-F, eram representadas por dígitos binários, ideia que está na base da telecomunicação moderna. Shannon tornou-se, professor visitante no MIT em 1956, membro permanente do corpo docente em 1958, e professor emérito em 1978. Na Bell Labs, permaneceu afiliado até 1972.

Stibitz e o somador de cozinha

Em 1937, um jovem físico chamado George Robert Stibitz (1904-1995), obteve seu doutorado em física matemática, pela Cornell University, e foi trabalhar na Bell Telephone Laboratories, em Nova York, um celeiro de grandes idéias e potencialidades experimentais, nos vindouros anos trinta do século XX. Na Bell, Stibitz era membro de um grupo de matemáticos que projetavam equipamentos de comutação de relés. Seu trabalho na Bell era auxiliar em um dos problemas fundamentais que as empresas de telecomunicações modernas de sua época tinham que lidar: o problema de efetuar um número muito grande de cálculos matemáticos para projetar e operar sistemas de telefones cada vez mais complexos. Do ponto de vista técnico, para a execução desse tipo trabalho, dispunham apenas de calculadora mecânica de mesa, todavia, com a expansão da rede telefônica pelo país, tornava-se cada vez mais urgente o desenvolvimento de dispositivos de cálculo mais eficientes. Foi nesse ambiente de grandes necessidades computacionais, que Stibitz descobriu o uso de relés para computação automatizada. Um relé é um dispositivo que, quando uma corrente elétrica passa por ele, pode assumir um de dois estados possíveis, aberto ou fechado. O relé atua como uma espécie de porta, uma alusão a idéia de que uma porta também somente pode estar aberta ou fechada, e portanto, é capaz de controlar o fluxo de corrente elétrica através de um dispositivo. Os relés eram dispositivos amplamente utilizados nos circuitos telefônicos naquela época, e havia muitos deles na companhia telefônica. Então, em novembro de 1937, Stibitz levou alguns relés de telefone para casa, para ver se os relés poderiam ser usados também para realizar funções matemáticas simples, como ele suspeitava, pois já havia um tempo, que os cientistas da Bell sabiam da semelhança entre o funcionamento dos relês e dos zeros e uns da matemática binária. Todavia, nunca tinham pensado que relés também poderiam ser usados para executar lógica simbólica, até que Stibitz, pensasse nessa possibilidade:

> "Naquele fim de semana, prendi dois dos relés em uma placa, cortei tiras de uma lata de tabaco e os preguei na placa para entrada. Comprei uma célula seca e algumas lâmpadas de lanterna para fazer a saída e conectei um somador binário. Liguei os relés para fornecer os dígitos binários da soma de dois números de um dígito, que foram inseridos na unidade aritmética pressionando os interruptores nas tiras de metal. A saída das duas lâmpadas da lanterna acendeu para indicar um binário 1 e permaneceu apagada para indicar o binário 0. ... Eu não sabia que estava começando onde Charles Babbage, na Inglaterra, teve que parar mais de cem anos antes. Também não me ocorreu que meu trabalho acabaria sendo parte do começo do que conhecemos agora como a era do computador".

Extraído de Bit by Bit: An Illustrated History of Computers, Stan Augarten, 1984

Stibitz montou um dispositivo em que uma lâmpada acesa representava o dígito binário 1 e uma lâmpada apagada, o dígito binário 0, e era capaz de usar matemática binária para adicionar e subtrair números decimais. Com isto, Stibitz tinha construído um somador, que ele apelidou de somador de cozinha, porque foi concebido na cozinha da sua casa.

Figura 43 - Stibitz montou seu dispositivo na cozinha da sua casa.

Como cozinha em inglês é kitchen, os colegas de Stibitz mais tarde deram o nome a esse computador primitivo de Modelo-K. Algum tempo depois, ele projetou circuitos mais sofisticados que podiam multiplicar e dividir. Mas, Stibitz não era o único que tinha notado a correspondência entre relés comuns, matemática binária e lógica simbólica. Lembre-se que, em 1938, Shannon, o estudante de Bush no MIT, publicou um artigo inovador sobre a aplicação da lógica simbólica para retransmitir circuitos. Quando Shannon publicou seu artigo, Stibitz já havia elaborado a maioria dos circuitos para uma calculadora de relés. Motivados pelos projetos bem-sucedidos de Stibitz, o Bell Labs se interessou em projetar uma calculadora para números complexos, para suprir as necessidades de um grupo específico na Bell que projetava filtros de ruído e circuitos de amplificação para linhas telefônicas de longa distância, trabalho que exigia a solução de inúmeras equações algébricas que envolviam números complexos. No final da década de 1930, quando o Sistema Bell estava ocupado projetando linhas telefônicas de costa a costa, a organização empregava uma pequena equipe de mulheres que, usando calculadoras comuns, resolviam as equações algébricas complexas produzidas pelo grupo de projeto de filtros e amplificadores. Como o processo era muito insuficiente, a Bell Labs estava disposta a tentar qualquer coisa, e aprovaram o projeto de Stibitz, que foi chamado de Complex Number Calculator (CNC), Calculadora de Números Complexos, a qual tinha a capacidade de somar, subtrair, multiplicar e dividir números complexos, os tipos de problemas que representavam um grande desafio aos engenheiros da Bell. O CNC foi construído entre abril e outubro de 1939 a um custo de aproximadamente $ 20.000. Nove meses depois, Stibitz fez uma nova grande contribuição à Ciência da Computação. Num momento histórico, durante uma reunião na American Mathematical Society, em Hanover, no Dartmouth College, Stibitz, usando um sistema telegráfico, conectou um novo CNC, a outro na cidade de Nova York, há mais ou menos 450 km. Na apresentação, foram enviados problemas pelo CNC de Dartmouth para o CNC em Nova York, que os resolveu e mandou as respostas de volta para Dartmouth por meio de um telégrafo. Esse tipo de transmissão de dados é muito comum nos dias de hoje, porém, naquele evento em Dartmouth, fora um espetáculo memorável. Durante a Segunda Guerra Mundial, o Bell Labs permitiu que Stibitz se juntasse ao National Defense Research Council (Conselho de Pesquisa de Defesa Nacional). Lá, as demandas da artilharia militar moderna convenceram Stibitz ainda mais da necessidade de hardware de computador aprimorado, e ele passou a maior parte da guerra trabalhando em versões aprimoradas do CNC, que passou a ser chamado de Modelo I. Embora o Modelo I tivesse sido uma conquista útil e impressionante para a época, não era uma máquina muito sofisticada, não era programável, não era de uso geral e nem possuía memória. Já o Modelo II, usava fitas perfuradas para armazenar programas que dariam instruções ao computador, que nessa nova versão poderia realizar os mesmos cálculos complexos muitas vezes em diferentes conjuntos de números. Isso provou ser útil no cálculo de trajetórias de armas. Os investimentos eram centrados para atender os interesses militares, quando os laboratórios da empresa dedicavam recursos consideráveis ao esforço de guerra, principalmente visando aprimorar os cálculos relacionados à mira e ao disparo de armas antiaéreas. Mais máquinas foram desenvolvidas com esse mesmo objetivo. O Modelo V era uma calculadora de uso geral e foi concluída em 1946, conceitualmente e estruturalmente, uma máquina bastante avançada, consistindo em 27 racks de retransmissão de telefone padrão e diversos outros equipamentos. Programada por fita de papel, a máquina tinha mais de 9.000 relés, uma pequena capacidade de memória de 30 números decimais de 7 dígitos, um processador central, uma unidade de controle, e levava cerca um segundo para multiplicar dois números. Essas máquinas foram usadas pelo Exército dos EUA para trabalhos de balística em Aberdeen, Maryland e depois em Fort Bliss, no Texas. O Modelo V custou US $ 500.000, vinte e cinco vezes o preço do Modelo I, e prestou serviços matemáticos por mais de uma década. No entanto, já era uma máquina obsoleta desde o momento em que apareceu, assim como o Harvard Mark I. As máquinas que usavam relés, como as de Stibitz, eram confiáveis, porém, eram muito mais lentas do que as que usavam a nova tecnologia de tubos à vácuo, empregados numa máquina de um projeto militar construída em segredo na Universidade da Pensilvânia. Mas esse é um assunto que será tratado mais à frente.

Atanasoff e a calculadora de resolver equações lineares

John Vincent Atanasoff (1903-1995) era um físico teórico, cujo trabalho era absolutamente matemático e por isso passava semanas trabalhando com muitas equações, com o auxílio apenas de uma calculadora mecânica de mesa. Devido ao trabalho matemático extenuante, Atanasoff foi motivado, como muitos outros seus colegas, a experimentar diversos métodos mecânicos e teóricos de cálculos para resolver problemas matemáticos de alta complexidade. Note que, esse tipo de dificuldade impedia que o cientista ou o engenheiro, naquela época, pudesse desenvolver seus próprios trabalhos, uma vez que esbarram num problema matemático fundamental, o de resolver equações diferenciais difíceis ou grandes sistemas de equações lineares, que demandavam extenso esforço computacional. Naquele tempo, era comum que grandes centros de pesquisa nos E.U.A., tivessem um tabelador da IBM e outros equipamentos de cálculo, como analisador diferencial, por exemplo, e o departamento de estatística do estado de Iowa, onde Atanasoff trabalhava, também possuía esses equipamentos. Então, para resolver alguns de seus problemas matemáticos, Atanasoff e um colega conseguiram adaptar esses equipamentos para auxiliar em seus cálculos, mas ainda assim, não era suficiente para realizar todo o cálculo que tinham que fazer. Em meio a toda essa problemática, e aliado toda a experiencia de Atanasoff, ao seu elevado conhecimento de eletrônica, levou-o a pensar sobre as possibilidades de se construir uma calculadora eletrônica capaz de resolver certas equações. Depois de examinar muitos dispositivos matemáticos disponíveis em sua época, Atanasoff compreendeu que eles se enquadravam em uma de duas categorias importantes: ou eles eram dispositivos analógicos, ou eram dispositivos digitais, Figura 44. Baseado em sua pesquisa, em 1935, Atanasoff já estava pensando seriamente nos métodos de mecanização do cálculo digital, e em abril de 1937, escreveu uma carta à IBM a respeito de suas idéias. Todavia, suas idéias não foram bem recebidas lá, e acabaram perdidas em alguma gaveta. Mais tarde, uma carta interna da IBM foi revelada, dizendo: "mantenha Atanasoff fora do tabelador". Na década de 1930, a IBM não estava ainda no negócio de computadores, mas no negócio de máquinas de escritório.

Figura 44 - Analógico x digital.

Apesar de toda a falta de apoio, Atanasoff tinha uma persistência infinita, e uma grande determinação. Ainda, em 1937, numa noite fria, e Atanasoff muito frustrado após muitos eventos desencorajadores, entrou no carro e começou a dirigir para algum lugar. Mais tarde, segundo Stan Augarten, ele contará em uma entrevista:

> Foi em uma noite de uísques e passeios de carro a 160 km/h, quando surgiu a idéia, para uma máquina operada eletronicamente, que usasse números de base binária em vez dos números tradicionais na base 10, condensadores de memória e um processo regenerativo para impedir a perda de memória por falha elétrica.

Extraído de *Bit by Bit: An Illustrated History of Computers*, Stan Augarten, 1984

Depois de dirigir duzentas milhas, ele entrou em uma estalagem no estado de Illinois, bebeu Bourbon e refrigerante, pois ele gostava muito de carros velozes e uísques. Continuou pensando na criação da máquina. Como não estava mais inquieto, nem tenso, Atanasoff percebeu que seus pensamentos o levavam a idéias sobre como construir o computador almejado, e usando as costas de um guardanapo, imaginou resumidamente uma máquina com as seguintes propriedades:

1-) A base binária, pois todos os sistemas conhecidos em sua época usavam base 10.
2-) Uso de eletricidade e dispositivos eletrônicos como principal meio de comunicação.
3-) Uso de condensadores para simular a memória.
4-) Uso do processo regenerativo para evitar lapsos que pudessem ocorrer por perdas de energia
5-) Computar por ação lógica direta, e não pelos métodos de cálculo usados em calculadoras analógicas.

Em janeiro de 1938, após dois anos de trabalho intenso em busca de um projeto para um computador, Atanasoff havia afinal concebido o projeto eletrônico e lógico geral de um computador digital automático para resolver grandes conjuntos de equações lineares simultâneas, baseada no sistema binário de numeração, em vez de usar o sistema decimal. Ele chegou a essa conclusão um tanto relutantemente, pois temia que seus alunos e outros usuários da máquina pudessem encontrar dificuldades consideráveis ao fazer a transposição do sistema decimal para o binário. Mas a simplicidade do sistema de dois algarismos, combinada com a relativa facilidade de representar dois símbolos em vez de dez nos circuitos de um computador, pareceu a Atanasoff superar o obstáculo da não-familiaridade. Seja como for, a máquina podia fazer as conversões. Em março de 1939, ele se inscreveu num programa de apoio à pesquisa e, dois meses depois, recebeu um financiamento de US $ 650. Com o projeto em curso, Atanasoff contratou um estudante brilhante de engenharia elétrica, chamado Clifford Edward Berry (1918 -1963), para ser seu assistente, e a construção do protótipo avançou com grande velocidade. Atanasoff, juntamente com Berry, finalizaram o primeiro protótipo, um somador de 16 bits, o primeiro protótipo de calcular usando tubos de vácuo, e funcionou bem. No final de 1939, Atanasoff apresentou um outro pedido de financiamento ao Iowa State College, e em dezembro de 1939 fez uma demonstração do protótipo para os funcionários do Iowa State College, que se convenceram de que o seu projeto era digno de uma concessão de US $ 5.000 do Conselho de Pesquisa do Iowa State College para construir uma máquina em grande escala capaz de resolver sistemas de equações (Figura 45). O objetivo principal do trabalho de Atanasoff era construir uma máquina capaz de resolver até vinte e nove equações lineares simultâneas de uma única vez. O trabalho nessa máquina começou no início de 1940, e quando a máquina estava a caminho da conclusão, eles enviaram um manuscrito descrevendo os detalhes do computador, tanto para solicitar financiamento adicional para aperfeiçoamento dos recursos de construção e operação e para obter uma patente. A máquina foi fabricada no porão do Edifício de Física da Universidade Estadual de Iowa e estava pronta no final de 1941. Foi a primeira máquina de calcular com tubos à vácuo. Em 1941, Atanasoff e Berry finalizaram o projeto da calculadora de uso geral para dar início a um novo projeto, o de resolver problemas de equações lineares simultâneas. Ela possuía 60 palavras de 50 bits de memória na forma de capacitores, com circuitos de recarga, tendo sido a primeira memória regenerativa que se tem notícia. Além disso tinha um clock de 60 Hz e a operação de adição nessa máquina levava aproximadamente um segundo para ser efetuada. Para fins de patente, Atanasoff havia contratado um advogado em Chicago, chamado Richard R. Trexler para registrar suas invenções. Todavia, com a entrada dos Estados Unidos na Segunda Guerra Mundial, em dezembro de 1941, Atanasoff e Berry tiveram que deixar o estado de Iowa às pressas antes que pudessem, se quer, resolver seus problemas computacionais.

Figura 45 – Atanasoff recebe US $ 5.000.

Os japoneses da Marinha Imperial atacaram Pearl Harbor, que era uma base americana numa operação aeronaval, efetuada na manhã de 7 de dezembro de 1941, e as ameaças de ataques e o medo constante da guerra levaram Atanasoff e Berry a direções bastante diferentes, pois a guerra eclodia por toda a parte, na terra, nas águas e no ar. Como resultado de todos esses encontros e desencontros, Trexler nunca solicitou uma patente para as invenções de Atanasoff. Atanasoff havia chamado sua invenção simplesmente de máquina de computação, mas, anos depois, ele decidiu dar a ela um nome mais atraente, chamando-a de ABC , as iniciais de Atanasoff-Berry Computer. Envolvido no clima de guerra, Atanasoff acabou deixando o assunto para lá, e o ABC acabou sendo desmontado por volta de 1948. Atanasoff e Berry construíram uma calculadora eletrônica digital para fins especiais, e sua conquista foi histórica. É claro que, o ABC apresentava várias deficiências: a principal delas a falta de programação e automação. Mas, havia muitas razoes para isso, uma vez que, constrangido por recursos financeiros e técnicos limitados, Atanasoff teve que adotar uma abordagem conservadora do design do ABC, combinando uma unidade aritmética eletrônica de alta velocidade com um conjunto de tambores de memória e leitores de cartões e perfuradores muito mais lento e muito mais barato, pois o financiamento que Atanasoff tinha em mãos era de fato muito apertado. Além disso, com a guerra emergente no ar, não puderam nem sequer pensar em possíveis ajustes e aperfeiçoamentos. Como resultado, o ABC não pode alcançar velocidades que uma máquina totalmente eletrônica seria capaz de atingir, velocidades que teriam levado sua invenção para um domínio tecnológico transcendente, e ele foi forçado a ajustar o relógio interno do ABC, o temporizador que regulava suas operações, a meros 60 pulsos por segundo, mas que já permitia ao ABC adicionar dois números de cinquenta bits por segundo. Apesar de tudo, os esforços de Atanasoff não foram de todo em vão, porque o ABC inspirou, ainda que de forma indireta, um grande projeto de computação na Universidade da Pensilvânia, que foi mantido em segredo por muito tempo pelos militares americanos: o projeto X, ou mais conhecido pela maioria, o ENIAC, Electronic Numerical Integrator and Computer, que estudaremos mais para frente.

Geração Zero da computação

Até o ponto abordado neste livro, que inclui os marcos como o Harvard Mark I de Aiken, o Modelo V de Stibitz e o ABC de Atanasoff, podemos agrupar os desenvolvimentos tecnológicos que moldaram a computação em sua fase inicial sob o termo "Geração Zero da Computação". Esta classificação, baseada na tecnologia de construção de computadores, é fundamental para entender a evolução da computação. Para efeitos didáticos, costumamos dividir as revoluções tecnológicas que impulsionaram a computação em seis partes distintas: Geração Zero da Computação, Primeira, Segunda, Terceira, Quarta e Quinta Gerações. A "Geração Zero da Computação" é a mais extensa e abrange um período que se estende desde as práticas antigas de contar com os dedos até o desenvolvimento das primeiras calculadoras eletromecânicas de grande porte na década de 1940. Devido à Geração Zero da Computação ser extremamente longa, nós a dividimos em dois períodos, como ilustrado de maneira esquemática na Figura 61.

Figura 46 - Quadro descritivo da Geração Zero de Computadores.

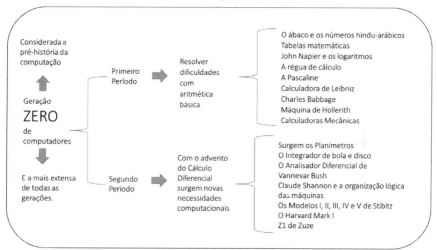

O primeiro período se destaca pela necessidade de executar operações aritméticas elementares. A intrincada complexidade inerente a essa tarefa incitou uma série de descobertas e inovações notáveis, enquanto mentes criativas se lançavam no desafio de conceber métodos mais eficazes para conduzir os cálculos. O segundo período da "Geração Zero" surge com a irrupção e o desenvolvimento do cálculo diferencial e integral. À medida que as necessidades matemáticas evoluíam, novos obstáculos emergiam, clamando por recursos computacionais mais sofisticados. Nesse período, a exploração das fronteiras do conhecimento matemático impulsionava a busca por soluções computacionais cada vez mais avançadas. Tal progressão atesta o dinamismo e a adaptabilidade que moldaram a Geração Zero da Computação, a qual, apesar de suas raízes antigas, exerceu um papel vital na estrutura que sustentaria as gerações subsequentes de computadores. Através dessa perspectiva, ao compreendermos a Geração Zero da Computação como a pedra fundamental essencial, somos capazes de traçar a trajetória de avanços que pavimentou o percurso para o desenvolvimento das gerações vindouras, culminando nas poderosas tecnologias computacionais que hoje delineiam nossas vidas de maneiras impensáveis nos primórdios dessas pioneiras inovações.

Implementações físicas da álgebra de Boole

Em 1938, Shannon aplicou a álgebra Booleana para mostrar que as propriedades de circuitos elétricos de chaveamento podiam ser representadas por uma álgebra Booleana, hoje denominada também de Álgebra de Chaveamento. Os circuitos digitais ou os circuitos lógicos operam no modo binário, apresentando tensão de saída ou tensão de entrada, em apenas um dos dois valores possíveis,

0 e 1, que representam intervalos de tensão predefinidos. Esta é uma característica dos circuitos digitais, e a álgebra Booleana, com todas as suas regras e relações, se mostrou uma excelente ferramenta matemática de análise e de projeto de circuitos digitais. Utilizando a álgebra Booleana, que é relativamente simples, podemos descrever a relação entre as entradas e as saídas de um circuito logico, usando-se uma função Booleana, S, como apresentado no Capítulo 8, em que vimos que, uma função Booleana pode ser descrita completamente através de uma Tabela-Verdade, que contém todas as combinações possíveis de valores que as variáveis de entrada podem assumir, e os correspondentes valores de saída da função, S. Mas, como, de fato, transformar essas abstrações matemáticas da Álgebra Booleana, com todas as operações booleanas binárias possíveis, em operações reais, que podem ser implementadas por uma máquina? Partindo do ponto de vista moderno, isso pode ser alcançado fazendo-se uso de pequenos dispositivos eletrônicos chamados transistores, que executam tarefas que levam à realização, do que chamamos de portas, ou, portas lógicas, na verdade, uma metáfora para suas funções. No entanto, nos primórdios da era digital, essas tarefas eram implementadas usando-se relés, ao invés de transistores, pois, transistores somente se tornaram disponíveis depois de sua invenção em 1947. No início do desenvolvimento da eletrônica, todos os problemas eram resolvidos usando-se sistemas analógicos, e à medida que os avanços da tecnologia se deslocavam para a eletrônica digital, os problemas passaram a ser resolvidos pela eletrônica digital, composta por circuitos lógicos básicos. Atualmente, os circuitos digitais são construídos a partir de um pequeno número de elementos primitivos, as portas lógicas, que são usadas para implementação física da álgebra de Boole. As portas logicas formam a base do hardware a partir do qual todos os circuitos digitais são construídos, e as funções Booleanas são implementadas como um circuito eletrônico digital. A lógica digital moderna baseia-se no fato de que um transistor pode operar como uma chave binária cujo tempo de comutação é muito pequeno. Basicamente, existem duas tecnologias de construção de portas logicas, a bipolar que pode ser do tipo TTL (Transistor-Transistor Logic), e a tecnologia MOS, com seus derivados PMOS, NMOS e CMOS. Assim, num sistema eletrônico, as portas lógicas são dispositivos que realizam operações lógicas e podem ser construídas a partir da combinação de vários transistores. A seguir, apresentaremos, de uma forma muito simplificada, a implementação das portas lógicas básicas, usando-se transistores. Uma abordagem mais avançada do assunto poderá ser obtida a partir de cursos mais avançados de sistemas de circuitos digitais.

As portas lógicas básicas

As portas lógicas são os circuitos lógicos mais elementares de um projeto eletrônico, e são os blocos fundamentais a partir dos quais podemos construir, toda uma variedade de outros circuitos lógicos, e sistemas digitais. Como você deve ter já entendido, as portas lógicas são uma abstração matemática, que através da aplicação da álgebra Booleana pode se transformar num comportamento físico, em uma realidade física, real e concreta. É uma maneira de reproduzir o pensamento de Boole em termos de máquinas, que no contexto moderno, são um conjunto de circuitos elétricos funcionando, ligando e desligando interruptores ou chaves, enquanto houver fornecimento de energia. Por isso esses circuitos são muitas vezes chamados de circuitos de chaveamento. As portas lógicas possuem, portanto, uma conexão com as operações lógicas da Álgebra Booleana, e vice-versa, e Shannon relatou isso em seu trabalho, em 1938. Além da representação de uma porta lógica por uma função Booleana e sua conseguinte Tabela-Verdade, é possível também uma representação gráfica das portas lógicas, onde cada operador lógico está associado a um símbolo específico, que permite o reconhecimento imediato dessas funções lógicas. Deve-se compreender, que, mais do que símbolos de operadores lógicos, as portas lógicas representam de fato recursos físicos, que são circuitos eletrônicos capazes de realizar operações lógicas. Na eletrônica digital que trabalha com somente dois estados, o nível lógico 0 em geral está associado à ausência de tensão, 0 volt, enquanto o nível lógico 1, está associado à presença de tensão, e nos referimos a nível alto, geralmente de 5 volts. As portas lógicas representam circuitos eletrônicos que realizam funções Booleanas. O conjunto de portas lógicas e as respectivas conexões que simbolizam uma função Booleana, denominaremos circuito lógico. Existem muitas operações na álgebra booleana, mas as três operações mais fundamentais são: AND, OR, e NOT e com estas portas lógicas, é possível fazer quase tudo em eletrônica digital. Em seguida, para cada uma das operações lógicas, AND, OR e NOT, vamos discutir a respectiva porta lógica que a implementa.

A porta lógica AND

O símbolo da porta AND pode ser visto na Figura 47-a, com as entradas A e B à esquerda e a saída, S, à direita. O funcionamento da porta AND segue rigorosamente a Tabela-Verdade da operação lógica AND, discutida no Capítulo 8, e pode ser visualizada na Figura 47-b. Para fins didáticos, é mostrado na Figura 47-c, o circuito eletrônico baseado nos transistores, T_A e T_B, o qual recupera exatamente os resultados da Tabela-Verdade, mostrada na Figura 47-b. Na Figura 47-c, vemos a saída S representada pelo estado do diodo led, que pode ser Ligado, associado à representação 1, e Desligado, associado à representação 0. As resistências R_A e R_B, estão inseridas nos circuitos para evitar curtos-circuitos para conferir mais credibilidade à ilustração, e assim evitar queimar os transistores. Quando a chave A está aberta, indica A = 0, e quando a chave A está fechada, indica A = 1. Analogamente para a chave B. Na porta AND há dois transistores, T_A e T_B ligados em série, e note que os dois transistores T_A e T_B precisam conduzir ao mesmo tempo para que o led D acenda, isto é, produzindo uma saída S = 1. Em qualquer outra situação os transistores não conduzem, e, portanto, a saída é zero, S = 0, que representa exatamente o comportamento da operação lógica AND, discutida no Capítulo 8.

Figura 47 - (a) Símbolo da porta AND, (b) Tabela-Verdade, (c) arranjo de transistores.

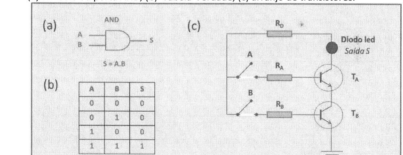

A porta lógica OR

O símbolo da porta OR pode ser visto na Figura 48-a, com as entradas A e B à esquerda e a saída, S, a direita. O funcionamento da porta OR segue rigorosamente a Tabela-Verdade da operação lógica OR, discutida no Capítulo 8. A Tabela-Verdade da porta lógica OR pode ser vista naFigura 48-b. Na Figura 48-c é mostrado o circuito eletrônico baseado nos transistores, T_A e T_B, o qual recupera exatamente os resultados da Tabela-Verdade, mostrada na Figura 48-b. Na porta OR há dois transistores, T_A e T_B ligados em paralelo. Nesta configuração, qualquer um dos transistores que conduzir, isto é, que a entrada for 1, o diodo led irá acender, produzindo uma saída S = 1. Somente quando os dois transistores não conduzirem, a saída é zero, S = 0, que representa exatamente o comportamento da operação lógica OR, discutida no Capítulo 8.

Figura 48 - (a) Símbolo da porta OR, (b) Tabela-Verdade, (c) arranjo de transistores.

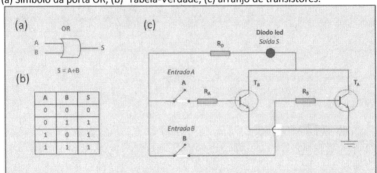

A porta lógica NOT

O símbolo da porta NOT pode ser visto na Figura 49-a, com uma única entrada A, à esquerda e uma saída, à direita, representada pela letra S. O funcionamento da porta NOT segue rigorosamente a Tabela-Verdade da operação lógica NOT, discutida no Capítulo 8, e pode ser analisada na Figura 49-c. A porta NOT é também chamada de porta inversora.

Figura 49 - (a) Símbolo da porta NOT, (b) Tabela-Verdade, (c) arranjo de transistores.

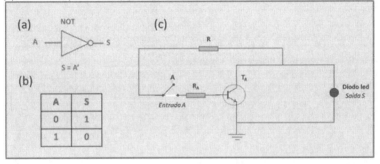

Na Figura 49-c é mostrado o circuito eletrônico baseado no transistor, T_A, o qual recupera exatamente o resultado da Tabela-Verdade, mostrada na Figura 49-b. Na porta NOT há um único transistor, T_A. Nesta configuração, se a chave A estiver aberta, então, A = 0, e o transistor, T_A, conduz, fazendo com que o diodo led acenda, produzindo uma saída S = 1. Por outro lado, se a chave A estiver fechada, então, A = 1, e o transistor, T_A, não conduz, fazendo com que o diodo led não acenda, produzindo uma saída S = 0. As Tabelas-Verdades ilustram o resultado de todas as operações possíveis com as portas lógicas AND, OR e NOT. Além dos circuitos lógicos básicos, existem muitos outros tipos, NAND, NOR, XOR, XNOR etc., e você terá a chance de estudar esses e muitos outros, em cursos mais avançados de eletrônica ou de sistemas digitais. Devido ao caráter binário das portas booleanas, é relativamente fácil projetar os componentes de um circuito em padrões que imitem as portas AND, OR e NOT. De uma forma muito resumida, pode-se dizer que o computador é uma máquina que usa uma linguagem binária muito simples, constituindo efetivamente em apenas simplesmente ligar e desligar chaves ou interruptores, que são os transistores, para executar tarefas muito complicadas, integrando circuitos de uma enorme complexidade, que se decompõem numa base elementar de grande simplicidade, e combinando estas bases elementares em sucessivas interligações, podemos obter os mais sofisticados circuitos de cálculo que integram os processadores de última geração.

Exemplos de circuitos lógicos simples

No Capítulo 8 demos exemplos de funções Booleanas, discutimos como determinar a Tabela-Verdade associada a uma função Booleana, e neste capítulo, estudamos que as portas lógicas representam circuitos eletrônicos que realizam funções Booleanas, e possuem uma representação gráfica que permite o reconhecimento imediato dessas funções lógicas num circuito lógico. Sendo assim, dada uma função Booleana qualquer, é possível desenhar o circuito lógico que a implementa. No desenho de um projeto, os fios são representados por linhas simples, e traçamos uma linha para cada uma das variáveis lógicas de entrada, A, B, C etc., do projeto. Nesta seção, vamos apresentar isso muito brevemente, apenas para que o estudante desenvolva uma noção preliminar sobre o assunto.

Exemplo 68

Projete um circuito lógico que represente a saída (S) a partir das entradas A, B e C, considerando a expressão booleana

$$S = A + B + C.$$

Ilustre graficamente o circuito, indicando de forma clara e precisa a interconexão dos componentes lógicos utilizados.

O desenho do circuito lógico correspondente à expressão Booleana $S = A + B + C$ requer a implementação de duas portas lógicas do tipo OR, conforme demonstrado de maneira visual na Figura 50.

Figura 50 - Desenho do circuito lógico de expressão Booleana S = A + B + C.

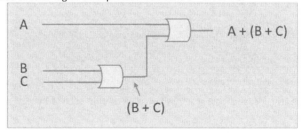

Exemplo 69

Projete um circuito lógico que represente a saída (S) a partir das entradas A, B e C, considerando a expressão booleana

$$S = A \cdot (B + C).$$

Ilustre graficamente o circuito, indicando de forma clara e precisa a interconexão dos componentes lógicos utilizados.

O circuito lógico para a expressão Booleana S = A . (B + C) pode ser desenhado usando-se duas portas lógicas, uma porta OR e outra porta AND, como indicado na Figura (13).

Figura 51 - Desenho do circuito lógico de expressão Booleana S = A . (B + C).

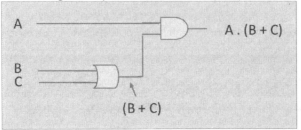

Exemplo 70

Derive as representações das portas lógicas NOR e NAND utilizando exclusivamente as portas fundamentais AND, OR e NOT.

A porta NOR é essencialmente a inversão da porta OR, enquanto a porta NAND é a inversão da porta AND. Essa inversão é representada pelo símbolo de um círculo (análogo à porta NOT), conforme ilustrado de maneira elucidativa na Figura 52.

Figura 52 - Desenho da porta lógica NOR e NAND.

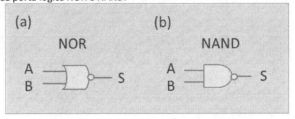

Exemplo 71

Projete os circuitos lógicos que representam os Teoremas de De Morgan:

$$(A + B)' = A'.B' \qquad (1)$$
$$(A.B)' = A' + B' \qquad (2)$$

Em seguida, demonstre a equivalência do comportamento lógico entre eles, utilizando a Tabela-Verdade para comprovar que ambas as expressões resultam nas mesmas saídas. Certifique-se de fornecer detalhes abrangentes e passos claros ao realizar a comparação das tabelas-verdade para estabelecer a equivalência.

Figura 53 – (1) A porta NOR; (2) A porta NAND.

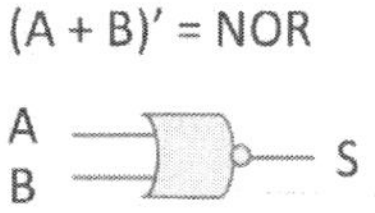

(A + B)' = NOR	A	B	S		A'.B'		A	B	S	
	0	0	1	≈			0	0	1	(1)
	1	0	0				1	0	0	
	0	1	0				0	1	0	
	1	1	0				1	1	0	

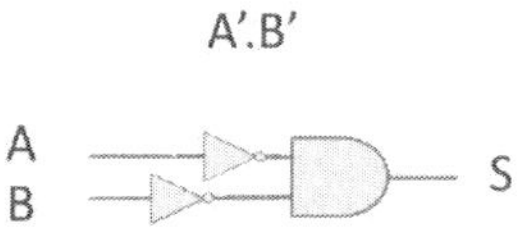

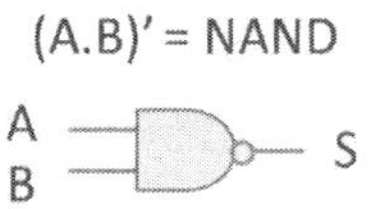

(A.B)' = NAND	A	B	S		A' + B'		A	B	S	
	0	0	1	≈			0	0	1	(2)
	1	0	1				1	0	1	
	0	1	1				0	1	1	
	1	1	0				1	1	0	

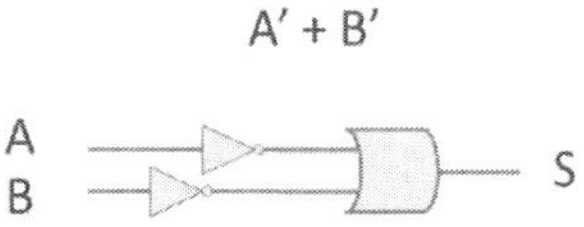

Neste contexto, realizaremos a representação gráfica dos circuitos para ilustrar a igualdade presente no primeiro teorema:

$$(A + B)' = A'.B' \qquad (1)$$

Além disso, vamos criar as Tabelas-Verdade individuais para cada lado da equação. Seguiremos um procedimento análogo para o segundo teorema:

$$(A.B)' = A' + B' \qquad (2)$$

Ao analisarmos as Tabelas-Verdade correspondentes, conforme visualizado na Figura 53, podemos observar e confirmar a equivalência lógica que se estabelece entre os circuitos.

Exemplo 72

Projete o circuito lógico que representa a função Booleana dada:

$$S = (A'.B.C).(A+D)'$$

Em seguida, realize uma avaliação da saída do circuito lógico quando as seguintes entradas forem aplicadas: A = 0, B = 1, C = D = 0. Certifique-se de ilustrar claramente o circuito projetado e apresentar passos detalhados na avaliação das entradas fornecidas, destacando como os valores se propagam e resultam na saída final.

O projeto lógico desse circuito pode ser construído de maneira sistemática, partindo da saída desejada. Começamos desenhando a linha que representa a saída

$$S = (A'.B.C).(A+D)',$$

no lado direito da Figura 54. Em seguida, podemos identificar o produto de dois termos,

$$(A'.B.C) \text{ e } (A+D)',$$

Para representar esse produto lógico, desenhamos uma porta AND e conectamos as entradas correspondentes a esses termos. Cada termo é escrito em uma das linhas de entrada da porta AND. Repetimos esse processo para cada um desses termos, usando portas AND para representar os produtos lógicos e portas OR para as adições lógicas, até chegarmos às quatro entradas, A, B, C e D. Após a criação do desenho do circuito lógico, podemos avaliar a saída para os valores de entrada fornecidos: A = 0, B = 1, C = D = 0, aplicando as regras da Álgebra Booleana. Neste caso específico, temos:

$$S = (A'.B.C).(A+D)' = (0'.1.0).(0+0)' = (0'.1.0).(0)' = (1.\,0).(0)' = 0.1 = 0$$

Portanto, a saída S para as entradas fornecidas é S = 0, de acordo com a avaliação realizada.

Figura 54 - Desenho do circuito lógico de expressão Booleana S = (A'.B.C).(A+D)'.

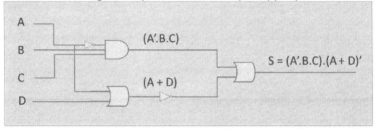

Simplificação de circuitos lógicos

Alguns circuitos lógicos podem representar funções Booleanas cujo desenho do circuito não é uma tarefa fácil, como aquela apresentada no Exemplo 73, e podendo ser muito mais complexa ainda. No entanto, em muitos casos, é possível recorrer às regras e aos teoremas da Álgebra Booleana, buscando uma simplificação da expressão matemática que representa a função Booleana original, e provar a equivalência entre a função original e a função simplificada. A simplificação de circuitos lógicos é uma tarefa muito importante, pois permite elaborar um projeto de circuito de uma forma mais simples, diminuindo os custos, evitando desperdícios desnecessários, e tornando o projeto mais eficiente possível.

Exemplo 73

Mostre que, o circuito lógico mostrado na Figura 55, que utiliza quatro portas lógicas, pode ser reduzido a um circuito lógico mais simples, que utiliza apenas duas portas lógicas.

Figura 55 - Circuito lógico proposto no Exercício 25.

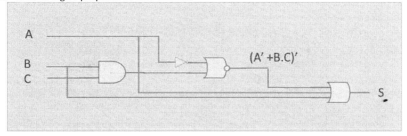

Partindo do circuito lógico mostrado na Figura 55, vamos primeiramente, encontrar a expressão Booleana S, que a representa, seguindo as instruções usadas nos exemplos anteriores. Fazendo-se isso, chegamos à expressão

$$S = A.B.(A' + B.C)'.$$

O enunciado deste exemplo solicita que encontremos uma expressão simplificada e equivalente para S. Neste caso, podemos, usando-se as regras e teoremas da Álgebra Booleana simplificar a expressão original. A primeira simplificação pode ser realizada, utilizando-se o Teorema de De Morgan (1), que afirma que vale a igualdade, $(A + B)' = A'.B'$, e, a partir dela, reescrever o termo

$$(A' + B.C)' = A.(B.C)'$$

e substitui-lo em S, escrevendo

$$S = A.B.A.(B.C)'$$

Usando-se agora o Teorema de De Morgan (2), $(A.B)' = A' + B'$, pode-se a partir dela reescrever o termo

$$(B.C)' = B' + C'$$

e substitui-lo S, de modo que resulta

$$S = A.B.[A.(B' + C')]$$

Em seguida, a propriedade distributiva pode ser aplicada, de maneira que obtemos

$$S = A.B.(A. B' + A.C')$$
$$S = A.B.A. B' + A.B.A.C'$$

Como, $B.B' = 0$ e $A.A = A$, finalmente, chegamos a seguinte expressão,

$$S = A.B.C'$$

que corresponde ao circuito lógico simplificado, com apenas duas portas lógicas, AND e NOT, como mostra a Fig. (17).

Figura 56 - Circuito lógico simplificado da função Booleana S = A.B.(A' + B.C)'.

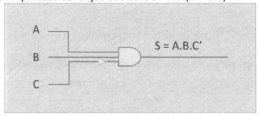

Este exemplo mostra como a equivalência entre circuitos permite que se escreva circuitos lógicos mais simplificados e eficientes.

Exemplo 74

Desenhe o circuito lógico expresso através da função Booleana

$$S = A.B.C + A.B'.(A'.C')'$$

e, em seguida, desenhe o circuito lógico simplificado correspondente.

O circuito lógico correspondente à S = A.B.C + A.B'.(A'.C')' pode ser visto representado na Figura 57.

Figura 57 - Circuito lógico correspondente à função Booleana S = A.B.C + A.B'.(A'.C')'.

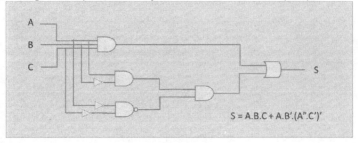

Usando-se as regras e teoremas da Álgebra Booleana podemos reduzir S ao circuito lógico simplificado,

$$S = A.B.C + A.B'.(A'.C')'$$
$$S = A.B.C + A.B'.(A + C)$$
$$S = A.B.C + A.B'.A + A.B'.C$$
$$S = A.B.C + A.B' + A.B'.C$$
$$S = A.C.(B + B') + A.B'$$
$$S = A.C + A.B'$$

e finalmente,

$$S = A.(C + B'),$$

cujo desenho lógico encontra-se representado na Figura 58. O circuito lógico representado na Figura 58 é o circuito equivalente simplificado do circuito lógico representado na Figura 57.

Figura 58 - Circuito lógico simplificado, S = A.(C + B').

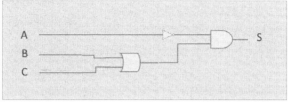

Os circuitos lógicos digitais muitas vezes admitem simplificações, que reduzem o número de portas lógicas, e essa redução pode diminuir consideravelmente o grau de dificuldade na montagem e os custos do sistema digital.

Os sinais binários em circuitos eletrônicos digitais

Em sistemas digitais eletrônicos a informação binaria, 0 e 1, é representada por tensões ou correntes, que estão presentes nas entradas e saídas dos circuitos. Os circuitos digitais são projetados para responder de modo previsível a tensão de entrada que esteja dentro dos intervalos definidos para 0 e 1.

Figura 59 - Intervalos de tensão atribuído aos binários 0 e 1.

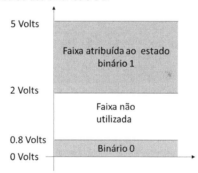

Em geral, nos circuitos eletrônicos, os símbolos binários 0 e 1 são representados por dois níveis de tensão, 0 e 5V, respectivamente. Entretanto, como na prática ocorrem flutuações elétricas nos circuitos, é mais realista considerar que os binários 0 e 1 sejam representados preferivelmente por faixas de tensão, como mostrado na Figura 59, ao invés de atribuir um valor específico unicamente. Assim, é comum considerar que tensões na faixa entre 0 e 0.8 V representam o binário 0, enquanto qualquer tensão entre 2 V e 5 V representa o binário 1.

Figura 60 - Exemplo de um sinal digital em um diagrama de tempo.

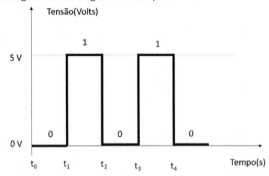

Qualquer tensão na faixa intermediária, não representa nem um nem outro. Os sinais lógicos digitais possuem uma representação gráfica de tensão versus tempo, t, chamada de diagrama de tempo, que pode ser muito útil para se investigar o comportamento lógico de um circuito digital. A Figura 60 mostra um diagrama do tempo, onde observa-se uma escala horizontal com uma graduação do tempo em intervalos regulares, começando no instante $t = t_0$, e depois, mostrando as marcações, t_1, t_2 etc. Na escala vertical, o sinal começa em 0 V, quando $t = t_0$, permanecendo constante até o instante $t = t_1$, representando o binário 0. Em seguida, o sinal passa a 5 V, e permanece em 5 V até o tempo $t = t_2$, representando o estado binário 1, e assim sucessivamente, de maneira que, através desse diagrama, podemos ter uma noção de como o sinal varia digitalmente no tempo. Todas as entradas e saídas normalmente estarão em um destes intervalos, 0 e 1, exceto durante as transições de um nível para outro. Note que, nos instantes t_1, t_2, t_3 etc., dá a impressão que o tempo variou de forma instantânea, por causa dos desenhos das linhas verticais no diagrama, no entanto, isso não é verdade. O que ocorre, é que o tempo de transição é tão pequeno comparado aos intervalos entre transições, que assumimos, por simplicidade, que as transições podem ser representadas por linhas no diagrama do tempo. Além disso, a maior parte das aplicações em que usamos o diagrama de tempo não requer esse grau de detalhamento. Todavia, se a aplicação exigir, então, obviamente, um tratamento mais sofisticado deveria ser levado em conta. Diagramas de tempo são muito úteis para mostrar a relação entre dois ou mais sinais digitais no mesmo circuito, e com o auxílio de um osciloscópio ou analisador digital pode-se observar os sinais digitais e comparar os sinais visualizados com os diagramas e tempo esperado. Este procedimento é uma parte muito importante dos métodos de teste e reparo usados em sistemas digitais. A maneira pela qual um circuito digital responde a uma entrada é chamada de lógica de circuito. Cada tipo de circuito digital obedece a um determinado conjunto de regras logicas. Por esta razão circuitos digitais também são chamados de circuitos lógicos.

Exemplo 75

Desenvolva o diagrama temporal para a porta lógica AND considerando as entradas A e B em relação ao tempo, conforme mostrado na Tabela 9.

Tabela 9 – Tabela das entradas binárias A AND B em função do tempo t.

t	A	B
t_0	0	1
t_1	1	0
t_2	0	0

t₃	1	1
t₄	0	1
t₅	0	0

O comportamento do sinal digital de saída, S = A AND B, para as entradas A e B em função do tempo mostradas na Tabela 9Tabela 9 podem ser calculadas de acordo com a Álgebra Booleana, e são mostradas na Tabela 10.

Tabela 10 - Tabela das entradas binárias A e B em função do tempo t, e as respectivas saídas.

t	A	B	S = A AND B
t₀	0	1	0
t₁	1	0	0
t₂	0	0	0
t₃	1	1	1
t₄	0	1	0
t₅	0	0	0

O diagrama do tempo para a porta lógica AND, com as entradas A e B dadas em função do tempo, como mostrado na Tabela 10 é mostrado na Figura 61. Nesta figura, é mostrado o comportamento da porta AND através da saída do sinal digital, S = A AND B. Nesse curso introdutório estamos interessados apenas em compreender superficialmente os circuitos lógicos, a um nível bem elementar, apenas para fornecer subsídios para o estudante na fase inicial de seu curso de programação, e compreender com mais detalhes a estrutura lógica de programação e muitos dos termos técnicos muito frequentemente utilizado nesse tipo de disciplina.

Figura 61 - Diagrama de tempo de uma porta lógica AND, para as entradas A e B.

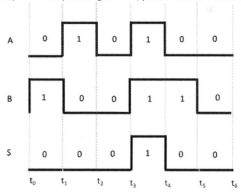

Exemplo 76

Desenvolva o diagrama temporal para a porta lógica OR seguindo os passos discutidos no Exemplo 75

Computadores digitais

Nos primórdios da eletrônica, as atividades eram predominantemente conduzidas por meio de sistemas analógicos, e os computadores analógicos desempenharam um papel de destaque até que a tecnologia digital atingisse um nível de maturidade que permitisse sua ascensão. Com a progressão do tempo e os avanços tecnológicos, os sistemas digitais passaram a ser a escolha primordial, sendo preferidos tanto por sua simplicidade quanto por questões de custo. Ao contrário dos computadores analógicos, os computadores digitais representam dispositivos de processamento que lidam com entradas de natureza discreta, operando com números distintos. Esse contraste fundamental entre os dois sistemas delineia o cenário no qual os computadores digitais conquistaram sua proeminência. Nessa classificação, qualquer dispositivo que lide com quantidades discretas é classificado como um dispositivo digital ou computador digital. Um computador digital tem a capacidade de utilizar diversos sistemas de numeração, tais como o sistema binário, decimal, hexadecimal, entre outros. Os primeiros exemplos de computadores digitais, como o ENIAC (Electronic Numerical Integrator and Computer), operavam utilizando o sistema decimal, o que demandava uma quantidade significativa de válvulas eletrônicas para executar as operações essenciais dos cálculos. Com o progresso tecnológico, foi descoberto que as mesmas operações poderiam ser executadas com uma quantidade consideravelmente menor de válvulas se o sistema de numeração adotado pelo computador fosse o binário. Essa mudança de sistema se revelou eficiente e econômica. Um sinal que é discretizado tanto no tempo quanto na amplitude, similar aos exemplificados na Figura 61, é denominado sinal digital. Esse tipo de sinal é conceituado como uma representação de dados, expressos como uma sequência de valores distintos em um instante específico. Nos computadores digitais binários, os dados digitais são representados por dois estados distintos: 0 ou 1. Esses computadores processam entradas na forma binária e fornecem saídas correspondentes, conforme esquematizado de modo abstrato na Figura 62. O processo de conversão entre sistemas de numeração é uma característica fundamental do universo digital, que tem impulsionado o desenvolvimento e aprimoramento das tecnologias de computação.

Figura 62 - Um computador digital recebe dados, e produz uma saída.

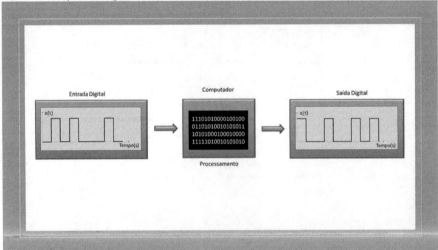

As propriedades do sistema binário foram muito bem observadas em todo o trabalho de Claude Shannon, e podem ser resumidas como segue:

1-)   Os dispositivos binários são simples e fáceis de projetar e construir.

2-) Os sinais binários são inequívocos. Essa propriedade é muito útil porque lhes confere imunidade a ruído.
3-) Cópias de dados binários podem ser realizadas de forma impecável.
4-) Qualquer coisa que possa ser representada com algum tipo de padrão pode ser representada com padrões de bits.

Todas essas características combinadas conferem à computação digital uma série de vantagens significativas em relação à computação analógica, resultando em um sistema mais refinado, economicamente viável e de projeto mais acessível.

Exemplos de Computadores digitais

Exemplo 77

Explique o conceito fundamental de operação digital por meio de um exemplo clássico enraizado na habilidade humana de contar utilizando os dedos das mãos ou dos pés. Discuta a origem da palavra "dígito", proveniente do inglês "digit", cujo significado está intrinsecamente relacionado aos dedos. Abordando a noção de que qualquer mecanismo capaz de realizar a contagem de elementos distintos é classificado como dispositivo digital, destaque como essa perspectiva nos permite considerar nossos próprios dedos como um paradigmático caso de dispositivo digital.

O exemplo mais simples de operação digital é a habilidade milenar do ser humano de contar coisas usando os dedos da mão ou dos pés. A palavra dígito, vem do inglês, digit, e, neste contexto, significa dedo. Como qualquer dispositivo que conta itens discretos, é considerado um dispositivo digital, podemos considerar nossos dedos um exemplo de dispositivo digital.

Exemplo 78

Discuta se o ábaco, representado na Figura 62, pode ser considerado um dispositivo digital. Explique em detalhes por que sua operação se encaixa na definição de um dispositivo digital, levando em consideração sua capacidade de contar quantidades discretas.

Figura 63 - Um ábaco e suas pedrinhas chamadas contas.

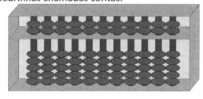

O ábaco, apresentado na Figura 63, é, de fato, um dispositivo que se enquadra na categoria de dispositivos digitais. Essa classificação se justifica pela sua funcionalidade intrínseca de contar quantidades discretas. O ábaco é composto por contas que podem ser movidas para diferentes posições em suas hastes, permitindo a representação de números e a execução de cálculos aritméticos de maneira incremental. Cada posição das contas no ábaco representa uma unidade discreta, o que é uma característica fundamental dos sistemas digitais. A operação do ábaco envolve a manipulação física das contas para realizar operações de adição, subtração, multiplicação e divisão. Essa manipulação baseada em posições discretas espelha o conceito central da computação digital, onde as informações são representadas e processadas em unidades discretas, como bits. Portanto, o ábaco se enquadra na definição de dispositivo digital devido à sua capacidade inerente de contar quantidades de maneira discreta e representar números por meio de posições distintas das contas.

Exemplo 79

Descreva a função e a tecnologia subjacente à calculadora digital moderna, que desempenha um papel crucial na execução de diversos cálculos, abrangendo desde operações matemáticas básicas até tarefas mais complexas, como álgebra avançada. Analise a relevância dos circuitos lógicos digitais em seu funcionamento e explique por que a calculadora digital moderna se destaca como um exemplo proeminente de um computador digital altamente influente.

A calculadora digital moderna é um dispositivo eletrônico engenhosamente projetado para realizar uma ampla gama de cálculos, abrangendo desde operações matemáticas elementares até desafios mais intrincados, como álgebra complexa e além. O cerne de sua operação repousa sobre circuitos lógicos digitais, que formam a base tecnológica que viabiliza sua funcionalidade excepcional. Através da interação precisa desses circuitos, a calculadora digital processa as entradas fornecidas pelo usuário, executando algoritmos que permitem a realização de cálculos de forma eficiente e confiável. Seja simplificando cálculos cotidianos ou auxiliando em tarefas complexas, como análises estatísticas ou resoluções de equações, a calculadora digital moderna demonstra a versatilidade e a potência da computação digital. Dessa maneira, a calculadora digital moderna se destaca como um exemplo emblemático de um computador digital. Seu papel inestimável na simplificação e aceleração de uma variedade de tarefas, aliado à sua base tecnológica de circuitos lógicos digitais, reforça seu status como um dos mais notáveis triunfos da computação digital na vida moderna.

Exemplo 80

Descreva o papel e as características distintivas do relógio digital como um caso ilustrativo de um computador digital. Analise suas capacidades de apresentar diretamente a hora em formato numérico, destacando suas vantagens em termos de legibilidade, custo e precisão, bem como o emprego de circuitos integrados para o processamento de dados digitais. Além disso, discuta a semelhança subjacente no mecanismo de cronometragem entre os relógios analógicos e digitais, onde ambos dependem da utilização de cristais de quartzo.

O relógio digital se destaca como um exemplar representativo de um computador digital, uma vez que exibe de maneira direta e clara a hora por meio de dígitos numéricos. Essa abordagem de apresentação oferece uma leitura fácil e instantânea, somada à sua acessibilidade econômica e notável precisão, o que solidifica seu lugar como uma escolha popular. Com o aproveitamento de circuitos integrados, o relógio digital se insere perfeitamente no domínio da tecnologia digital. Esses circuitos, projetados para processar dados digitais, capacitam o relógio a não somente exibir a hora de forma eficiente, mas também a manipular outras funções e informações de maneira intuitiva. É interessante observar que, embora os relógios analógicos e digitais possuam características únicas, ambos compartilham um elemento fundamental. Ambos confiam no uso de cristais de quartzo em seus mecanismos de cronometragem. Esse componente comum ressalta o elo intrínseco entre a precisão temporal subjacente a ambas as tecnologias, independentemente da abordagem escolhida para exibir o tempo. Assim, o relógio digital não apenas se alinha ao conceito de um computador digital, mas também encapsula as vantagens e a eficiência que a tecnologia digital proporciona, tornando-o um instrumento essencial e versátil no cotidiano moderno.

Exemplo 81

Descreva o conceito subjacente e os componentes-chave de uma balança digital, que a categorizam como um exemplo de computador digital. Analise a presença de elementos como sensor, microcontrolador e tela de exibição digital, identificando a função e a interação de cada componente. Além disso, explique como o funcionamento da balança digital é realizado, desde a detecção da pressão sobre a balança até a conversão do sinal em um resultado compreensível. Enfatize também a portabilidade das balanças digitais, que são frequentemente alimentadas por bateria, proporcionando praticidade no uso cotidiano.

A balança digital se apresenta como um notável exemplo de um computador digital, uma vez que incorpora um conjunto de componentes interconectados para executar suas funções de medição e exibição. O design sofisticado de uma balança digital é uma manifestação prática da aplicação de princípios digitais na obtenção e comunicação de informações. Uma balança digital é composta por diversos elementos cruciais que contribuem para sua operação eficaz. Em sua configuração típica, pode-se encontrar um sensor, um microcontrolador e uma tela de exibição digital. O sensor exerce um papel fundamental, detectando a pressão aplicada sobre a balança quando um objeto é colocado em sua superfície. Isso resulta em uma alteração na resistência do sensor, que é então transmitida ao microcontrolador. O microcontrolador assume um papel central na balança digital, agindo como o "cérebro" do sistema. Ele recebe o sinal do sensor, processa os dados e realiza as operações necessárias para converter a mudança na resistência em uma unidade de medida compreensível, como quilogramas ou libras. Em seguida, o microcontrolador envia o resultado processado para a tela de exibição digital. A tela de exibição digital é o componente visível da balança, proporcionando ao usuário a leitura da medição de maneira clara e precisa. Através de dígitos numéricos, a tela apresenta o resultado da medição, possibilitando que o usuário compreenda instantaneamente o peso do objeto colocado na balança. É importante destacar que muitas balanças digitais são alimentadas por bateria, tornando-as altamente portáteis e convenientes para uso em diversas situações, desde a cozinha doméstica até o ambiente profissional. Esse aspecto de portabilidade reflete a natureza prática e versátil da computação digital, onde dispositivos compactos podem ser projetados para desempenhar funções complexas de maneira eficiente. Em síntese, a balança digital é um exemplo notável de um computador digital que utiliza circuitos lógicos digitais para processar informações provenientes do sensor, exibindo resultados precisos e compreensíveis na tela digital. Sua composição inteligente e capacidade de transformar informações físicas em dados numéricos demonstram de forma tangível os princípios da computação digital aplicados ao cotidiano moderno.

Exemplo 82

Analise a influência dos computadores digitais em nossa vida cotidiana ao explorar a presença de dispositivos eletrônicos de consumo que incorporam essa tecnologia. Aborde como aparelhos como máquinas de lavar, aspiradores de pó, fornos de micro-ondas e geladeiras exemplificam a aplicação prática de computadores digitais. Detalhe o funcionamento dos refrigeradores modernos, que utilizam compressores inversores digitais para otimizar o resfriamento com base na demanda. Explique como os fornos de micro-ondas empregam contadores digitais e sensores de temperatura para aprimorar o desempenho em relação aos fornos convencionais. Discuta também o papel dos chips microcontroladores nas lavadoras automáticas, que supervisionam e coordenam os processos, culminando na geração da saída necessária. Aborde como esses exemplos ilustram a presença onipresente da computação digital na vida moderna e como ela transforma a funcionalidade e eficiência dos dispositivos eletrônicos que usamos diariamente.

Os equipamentos eletrônicos de consumo, que permeiam nossa vida cotidiana, desempenham um papel crucial na exemplificação do impacto dos computadores digitais na sociedade moderna. Estes aparelhos, muitas vezes imperceptíveis em sua complexidade, são embutidos com a sofisticada tecnologia dos computadores digitais, impulsionando nossa eficiência, conveniência e qualidade de vida. Um notável exemplo desse fenômeno é a presença ubíqua de dispositivos como máquinas de lavar, aspiradores de pó, fornos de micro-ondas e geladeiras. No contexto dos refrigeradores modernos, a incorporação de compressores inversores digitais proporciona um controle preciso do resfriamento, adaptando a velocidade do compressor conforme as necessidades em constante mudança. Isso resulta em economia de energia e maior durabilidade dos alimentos armazenados, refletindo diretamente a eficiência conferida pelos princípios da computação digital. Além disso, os fornos de micro-ondas atuais têm evoluído ao integrar contadores digitais e sensores de temperatura, que permitem o ajuste preciso do tempo e potência de cozimento. Isso supera as limitações dos fornos tradicionais, oferecendo um controle mais refinado e resultados culinários consistentemente aprimorados. Em relação às lavadoras automáticas, a inserção de chips microcontroladores exerce um papel central na orquestração dos processos de lavagem. Esses microcontroladores são capazes de coordenar a duração, a temperatura e a intensidade da lavagem, otimizando o consumo de água e energia, bem como garantindo uma limpeza eficiente e gentil com os tecidos. Em uma análise mais ampla, esses exemplos tangíveis refletem o impacto profundamente enraizado dos computadores digitais na sociedade moderna. Tais aparelhos eletrônicos de consumo estão impulsionando uma revolução silenciosa, melhorando a forma como interagimos com o mundo material e redefinindo os padrões de eficiência e conforto em nossas vidas diárias. A presença onipresente da computação digital é um testemunho de sua influência ubíqua e uma demonstração clara de como ela está moldando a evolução contínua da tecnologia e do nosso estilo de vida.

Exemplo 83

Analise detalhadamente o conceito e as características do laptop como um exemplo de computador digital. Explique como ele se diferencia do Computador Pessoal (PC - Personal Computer) convencional em termos de portabilidade, flexibilidade e capacidade de armazenamento. Além disso, descreva como a evolução tecnológica permitiu a criação e o desenvolvimento dos laptops, tornando-os uma opção versátil para usuários modernos. Discuta também como os laptops se adaptaram ao estilo de vida contemporâneo, oferecendo mobilidade e comodidade aos usuários, e forneça exemplos de situações em que a portabilidade e o armazenamento dos laptops têm um impacto significativo.

O laptop, também conhecido como notebook, é um exemplo notável de computador digital que representa uma versão portátil e flexível do tradicional Computador Pessoal (PC - Personal Computer). Sua criação e evolução refletem a busca contínua por dispositivos que se adaptem ao estilo de vida moderno, oferecendo mobilidade, conveniência e grande capacidade de armazenamento. Diferentemente do PC convencional, o laptop destaca-se por sua portabilidade, permitindo que os usuários o transportem facilmente para diferentes locais. Essa mobilidade é fundamental em um mundo cada vez mais conectado, onde as pessoas precisam acessar informações e realizar tarefas em qualquer lugar. A natureza compacta do laptop não apenas facilita o transporte, mas também permite que ele seja integrado a outros equipamentos, ampliando suas possibilidades de uso. A flexibilidade do laptop é outra característica marcante. Ele oferece uma combinação de recursos de hardware e software que podem atender a uma ampla variedade de necessidades. Desde tarefas de produtividade, como redação de documentos e criação de planilhas, até atividades de entretenimento, como assistir a vídeos e jogar jogos, o laptop se adapta a diferentes contextos de uso. Sua capacidade de realizar várias funções em um único dispositivo o torna uma ferramenta versátil para usuários de diferentes perfis. Além disso, o laptop é capaz de armazenar uma quantidade considerável de informações. Com o avanço da tecnologia de armazenamento, como discos rígidos de alta capacidade e unidades de estado sólido (SSDs), os laptops podem abrigar uma ampla gama de arquivos, aplicativos e dados importantes. Isso é especialmente valioso para profissionais que precisam manter suas informações à mão e para estudantes que desejam acessar materiais de estudo em qualquer lugar. O desenvolvimento e aprimoramento dos laptops ao longo do tempo foram impulsionados por avanços tecnológicos, incluindo a miniaturização de componentes, a eficiência energética e o aumento de desempenho dos processadores. Esses fatores permitiram criar dispositivos mais leves, finos e poderosos, que se encaixam perfeitamente no estilo de vida contemporâneo. Em suma, o laptop é um exemplo notável de computador digital que transcendeu os limites do PC convencional, oferecendo portabilidade, flexibilidade e grande capacidade de armazenamento. Sua evolução tecnológica o tornou um companheiro essencial para profissionais, estudantes e usuários em geral, que buscam a conveniência de um dispositivo multifuncional que pode ser levado para qualquer lugar e realizar uma ampla gama de tarefas.

Exemplo 84

Explique como os automóveis modernos incorporam tecnologias de computador digital de bordo para aprimorar diversas funcionalidades. Explore as múltiplas tarefas que esses computadores realizam, como utilizar sistemas de GPS para navegação, reproduzir música, coordenar o funcionamento de recursos como o espelho retrovisor e o sensor de aproximação. Detalhe como esses sistemas interconectados proporcionam uma experiência de condução mais segura, eficiente e conveniente. Discuta também os benefícios e desafios associados à integração dessas tecnologias de computador digital nos automóveis modernos, considerando aspectos como usabilidade, segurança e atualizações de software. Além disso, reflita sobre o impacto desses avanços na indústria automobilística e como eles moldam a maneira como interagimos com os veículos e experimentamos a condução nos dias de hoje..

Os automóveis modernos estão incorporando computadores digitais de bordo de maneira notável, revolucionando a experiência de condução por meio de uma série de funcionalidades avançadas e interconectadas. Esses sistemas desempenham um papel multifacetado e essencial, redefinindo a maneira como interagimos com nossos veículos e reimaginam a condução como a conhecemos. Os computadores de bordo em automóveis contemporâneos são verdadeiras maravilhas tecnológicas, habilitando uma ampla gama de tarefas complexas e interativas. Desde a utilização de sistemas de navegação GPS altamente precisos para guiar os motoristas em rotas eficientes, até a reprodução de música e entretenimento por meio de interfaces de alta qualidade, esses sistemas proporcionam uma experiência de condução mais enriquecedora e envolvente. Além disso, o papel desempenhado pelo computador de bordo se estende a aprimorar a segurança e a comodidade. Através de sensores de aproximação e sistemas de assistência ao motorista, esses computadores podem alertar os motoristas sobre possíveis colisões iminentes, ajustar automaticamente os faróis para condições de iluminação variáveis e oferecer uma visualização clara e precisa das áreas circundantes por meio do espelho retrovisor digital. Entretanto, essa integração de computadores digitais não é desprovida de desafios. A crescente complexidade desses sistemas requer uma atenção cuidadosa à usabilidade e à segurança. O gerenciamento de atualizações de software para manter os sistemas protegidos contra ameaças cibernéticas é fundamental, assim como garantir que as interfaces sejam intuitivas e não distraiam excessivamente o motorista. O impacto da presença desses computadores digitais de bordo transcende os limites do veículo individual, remodelando a indústria automobilística e redefinindo o conceito de mobilidade. Essas tecnologias estão pavimentando o caminho para veículos autônomos, onde a fusão de sensores avançados e algoritmos de aprendizado de máquina desempenhará um papel central na condução futura. Em resumo, os automóveis modernos equipados com computadores digitais de bordo são exemplos impressionantes de como a computação digital está transformando a maneira como nos deslocamos e interagimos com nossos veículos. Essas inovações refletem o potencial ilimitado da tecnologia digital na criação de soluções mais seguras, eficientes e conectadas para a mobilidade do século XXI.

Exemplo 85

Como a crescente integração de computadores digitais de bordo nos automóveis modernos sinaliza a direção da revolução automobilística no futuro? Espera-se que essas tecnologias de computação digital continuem a evoluir e desempenhar um papel crucial na condução autônoma? Como os avanços na interconectividade, aprendizado de máquina e inteligência artificial podem moldar a próxima geração de veículos e transformar fundamentalmente a experiência de mobilidade?

A crescente integração de computadores digitais de bordo nos automóveis modernos prenuncia uma revolução automobilística profundamente transformadora no futuro. Essa trajetória de inovação está intrinsecamente ligada ao contínuo avanço das tecnologias de computação digital e tem o potencial de redefinir fundamentalmente a forma como concebemos, interagimos e nos deslocamos por meio dos veículos. À medida que os automóveis modernos evoluem para se tornarem verdadeiras plataformas de tecnologia, a expectativa é que essas tecnologias de computação digital desempenhem um papel ainda mais central na revolução automobilística. A condução autônoma, por exemplo, representa um dos caminhos mais promissores. Os sistemas de inteligência artificial e aprendizado de máquina estão sendo implementados para permitir que os veículos operem de maneira autônoma, tomando decisões em tempo real com base em dados coletados de uma variedade de sensores. Isso poderia potencialmente transformar a maneira como vivemos a mobilidade, oferecendo maior segurança, eficiência e até mesmo liberando os ocupantes para realizar outras atividades durante a viagem. Além disso, a revolução automobilística do futuro é provável que se concentre na interconectividade. A comunicação entre veículos (V2V) e entre veículos e infraestrutura (V2I) pode permitir uma coordenação avançada entre os carros, otimizando o fluxo de tráfego e reduzindo congestionamentos. A conectividade também abrirá portas para serviços e experiências personalizadas dentro dos veículos, desde entretenimento sob medida até atualizações de software remotas. A introdução de tecnologias de computação digital na revolução automobilística também levanta questões importantes sobre segurança cibernética e privacidade. À medida que os veículos se tornam mais conectados e dependentes de sistemas digitais, a proteção contra ameaças cibernéticas se torna uma prioridade crítica para garantir a integridade e a segurança dos ocupantes. Em resumo, a evolução contínua das tecnologias de computação digital está forjando um futuro automobilístico emocionante e altamente disruptivo. A condução autônoma, a interconectividade avançada e a personalização digital são apenas algumas das áreas que estão moldando a próxima geração de veículos. Com essa revolução automobilística iminente, os automóveis não são mais apenas meios de transporte, mas sim ecossistemas tecnológicos em constante evolução, destinados a redefinir a experiência de mobilidade e transformar as cidades do amanhã.

Exemplo 86

Analise detalhadamente o Caixa Eletrônico como um exemplo paradigmático de computador digital, abrangendo suas diversas funções para os clientes e seu papel crucial na disponibilidade constante das operações bancárias. Descreva como o Caixa Eletrônico revolucionou a maneira como as pessoas acessam e gerenciam suas finanças, tornando-se uma ferramenta essencial nos cenários financeiros modernos. Além disso, discuta a evolução tecnológica desses sistemas ao longo do tempo, destacando como avanços em hardware, segurança e interfaces de usuário transformaram a experiência dos clientes nos Caixas Eletrônicos. Por fim, mencione os pioneiros que introduziram essa inovadora proposta e como sua adoção impactou o setor bancário e as práticas financeiras globais.

O Caixa Eletrônico representa uma realização notável no campo dos computadores digitais, exemplificando uma transformação significativa na maneira como as atividades bancárias são conduzidas. Com a capacidade de disponibilizar diversas funções aos clientes, o Caixa Eletrônico tem desempenhado um papel fundamental na democratização do acesso aos serviços financeiros, proporcionando comodidade e eficiência, além de operar ininterruptamente, 24 horas por dia. Ao fornecer uma ampla gama de funções, como saques, depósitos, transferências, pagamento de contas e consulta de saldo, o Caixa Eletrônico revolucionou a interação entre os clientes e os bancos. Antes de sua introdução, as transações financeiras muitas vezes eram restritas aos horários de funcionamento bancário e exigiam a presença física nas agências. Através do Caixa Eletrônico, os usuários agora podem acessar e gerenciar suas contas a qualquer momento, oferecendo flexibilidade e liberdade em suas atividades financeiras diárias. A evolução dos sistemas de Caixa Eletrônico ao longo do tempo é notável. Desde os primeiros modelos, que ofereciam funções básicas, até os mais modernos e avançados, que incorporam recursos de segurança biométrica, reconhecimento de voz e interfaces amigáveis, a tecnologia por trás desses dispositivos continua a se aprimorar. A introdução de telas sensíveis ao toque, interfaces intuitivas e opções multilíngues aprimorou a experiência do usuário, tornando as transações mais rápidas e fáceis de entender. O conceito de Caixa Eletrônico foi introduzido pela primeira vez em meados da década de 1960, e o pioneiro mais notável foi a rede bancária Barclays, no Reino Unido, que implantou o primeiro sistema funcional em 1967. Desde então, a ideia rapidamente ganhou tração global, levando à disseminação generalizada de Caixas Eletrônicos em todo o mundo. Esses dispositivos não apenas revolucionaram a forma como as pessoas lidam com suas finanças, mas também tiveram um impacto profundo no setor bancário, permitindo a otimização de operações e a redução de custos operacionais. Concluindo, o Caixa Eletrônico é um exemplo notável de computador digital que transformou a paisagem das atividades bancárias, disponibilizando funções variadas e garantindo operações 24 horas por dia. Sua evolução tecnológica e adoção global têm contribuído para a conveniência, a eficiência e a segurança nas transações financeiras, tornando-o uma ferramenta essencial no mundo moderno.

Exemplo 87

Examine minuciosamente a afirmação de que os smartphones e celulares de última geração representam exemplos proeminentes de computadores digitais. Detalhe como esses dispositivos têm se estabelecido como uma parte indispensável da vida cotidiana, permitindo uma gama diversificada de atividades essenciais. Descreva os componentes-chave desses dispositivos, como processadores, elementos de memória e dispositivos de entrada/saída, e explique como esses componentes interagem para fornecer uma experiência de usuário fluida e eficaz. Além disso, discuta a transformação da entrada de dados em formato digital, o processamento subsequente e a geração de dados compreensíveis para o usuário, ressaltando a rapidez impressionante com que essas operações são realizadas. Finalmente, destaque como os smartphones e celulares de última geração têm mudado radicalmente as interações humanas e a forma como as atividades diárias são realizadas, fornecendo exemplos concretos de tarefas que foram revolucionadas por esses dispositivos inovadores.

Os smartphones e celulares de última geração, indubitavelmente, personificam exemplos proeminentes de computadores digitais que transformaram profundamente o modo como vivemos e interagimos com o mundo ao nosso redor. Com suas capacidades multifuncionais, esses dispositivos têm se tornado essenciais em nossa vida cotidiana, permitindo uma ampla variedade de atividades fundamentais de maneira eficiente e conveniente. Esses dispositivos compactos e poderosos são construídos em torno de componentes-chave que garantem seu funcionamento suave e versátil. O processador, muitas vezes composto por múltiplos núcleos, é o cérebro do dispositivo e executa operações complexas em velocidades impressionantes. O elemento de memória, frequentemente na forma de RAM e armazenamento interno, permite que dados sejam acessados e armazenados rapidamente. Os dispositivos de entrada/saída incorporados, como tela sensível ao toque, câmera, microfone e alto-falante, permitem que os usuários interajam de maneira intuitiva com o dispositivo e obtenham informações úteis. A interação harmoniosa desses componentes é exemplar. Quando o usuário interage com a tela sensível ao toque, por exemplo, o processador recebe os toques como entrada e os converte em informações digitais. Em seguida, ocorre o processamento dos dados para realizar tarefas específicas, como enviar uma mensagem ou executar um aplicativo. O resultado é apresentado na tela novamente, por meio da saída de dados compreensíveis ao usuário, tudo isso acontecendo em uma fração de segundo. Os smartphones e celulares de última geração têm transcrito as barreiras da comunicação, informação e produtividade. Tarefas que anteriormente exigiam vários dispositivos ou recursos agora podem ser realizadas com facilidade em um único dispositivo compacto. A comunicação é aprimorada por chamadas de voz, mensagens de texto, e-mails e redes sociais, enquanto aplicativos variados permitem o gerenciamento de finanças, navegação por GPS, entretenimento, organização e muito mais. A possibilidade de acessar rapidamente informações, resolver problemas e executar tarefas diárias tem impactado a maneira como conduzimos nossas vidas. Como exemplo concreto, consideremos o processo de planejamento de uma viagem. Com um smartphone, podemos pesquisar destinos, comparar preços de passagens, reservar acomodações, traçar rotas de viagem, traduzir idiomas e até mesmo fazer pagamentos online, tudo isso em uma única plataforma. Isso demonstra como os smartphones não apenas simplificam tarefas, mas também agregam valor à nossa vida cotidiana. Em resumo, os smartphones e celulares de última geração representam uma maravilha tecnológica que encapsula os princípios fundamentais de um computador digital. Sua capacidade de processar informações rapidamente, proporcionar interfaces intuitivas e oferecer uma ampla gama de funcionalidades tem alterado drasticamente a forma como realizamos atividades diárias, enriquecendo nossa vida com conveniência, eficiência e conectividade.

Exemplo 88

Os assistentes de voz, como a Siri da Apple, a Alexa da Amazon e o Google Assistant, são exemplos de como a computação digital está se tornando cada vez mais integrada em nossas vidas diárias, proporcionando interações naturais por meio de comandos de voz e desempenhando uma variedade de tarefas, desde responder perguntas até controlar dispositivos domésticos inteligentes. Esses assistentes de voz são alimentados por avanços em reconhecimento de fala, processamento de linguagem natural e aprendizado de máquina, que permitem entender e responder de forma eficaz às solicitações dos usuários. Eles representam uma transformação significativa na forma como interagimos com a tecnologia e podem ter um impacto profundo em várias áreas, como assistência médica, educação e automação residencial. Como os assistentes de voz exemplificam o papel cada vez mais proeminente da computação digital em nossas vidas cotidianas? Explique como as tecnologias subjacentes, como o reconhecimento de fala e o processamento de linguagem natural, possibilitam a funcionalidade desses assistentes. Além disso, discuta de que maneira esses assistentes de voz estão mudando nossa interação com a tecnologia e explorando as possíveis implicações em setores como saúde, educação e automação residencial. Como a crescente adoção desses assistentes pode moldar o futuro da interação homem-máquina e redefinir a forma como realizamos tarefas e acessamos informações em um mundo cada vez mais digital?

Os assistentes de voz, como a Siri da Apple, a Alexa da Amazon e o Google Assistant, personificam de maneira notável a crescente influência da computação digital em nossa vida diária. Essas inovações tecnológicas representam uma mudança paradigmática na forma como interagimos com a tecnologia, proporcionando uma experiência mais intuitiva e natural por meio de comandos de voz. Os assistentes de voz são o resultado de avanços significativos em áreas como reconhecimento de fala, processamento de linguagem natural e aprendizado de máquina, e têm o potencial de impactar profundamente várias esferas da sociedade. A funcionalidade dos assistentes de voz é possível graças a algoritmos complexos de reconhecimento de fala, que permitem que a tecnologia interprete e compreenda as palavras e frases pronunciadas pelos usuários. Essa interpretação é então combinada com processamento de linguagem natural, onde a tecnologia é capaz de entender o contexto e o significado das instruções fornecidas, permitindo uma resposta mais precisa e relevante. Além disso, o aprendizado de máquina desempenha um papel fundamental, permitindo que os assistentes de voz melhorem continuamente sua capacidade de compreensão e adaptem suas respostas com base nas interações anteriores. O impacto dos assistentes de voz é multidimensional. Em primeiro lugar, eles transformaram nossa interação com a tecnologia, tornando-a mais fluida e acessível, eliminando a necessidade de digitar e clicar. Isso é especialmente valioso em situações em que as mãos estão ocupadas ou quando a atenção precisa estar em outra tarefa. Além disso, esses assistentes têm o potencial de revolucionar várias indústrias. Na área da saúde, podem auxiliar na monitorização de pacientes, no fornecimento de informações médicas e no gerenciamento de medicamentos. Na educação, podem oferecer suporte a tutoriais interativos e personalizados. Na automação residencial, podem controlar dispositivos e sistemas domésticos com facilidade e conveniência. Entretanto, essa evolução não está isenta de desafios. Questões relacionadas à privacidade e segurança dos dados são preocupações válidas, uma vez que esses assistentes frequentemente lidam com informações pessoais e sensíveis. Além disso, garantir a compreensão correta dos comandos de voz em diferentes contextos e sotaques é uma tarefa complexa que continua a ser aprimorada. No cerne, os assistentes de voz exemplificam o poder da computação digital em nos proporcionar experiências mais conectadas e eficazes. A medida que essas tecnologias continuam a evoluir, é provável que presenciemos um futuro onde as interações homem-máquina se tornem ainda mais intuitivas e profundamente integradas em nossa vida cotidiana, redefinindo nossa relação com a tecnologia e abrindo novas possibilidades para a inovação.

Computadores analógicos versus computadores digitais

Poderíamos iniciar essa seção propondo a seguinte questão: Quais são as principais diferenças entre computadores analógicos e computadores digitais em termos de funcionamento, vantagens e desvantagens? Além disso, em que tipos de situações ou aplicações específicas cada um desses tipos de computadores é mais adequado? De um modo geral, os computadores, sejam eles, analógicos ou digitais, podemos dizer que eles são sistemas físicos que recebem dados de entrada do meio externo, processam esses dados de alguma maneira, e transformam esses dados em uma informação útil. Os dados, por sua vez, que entram no sistema computacional trafegam por meio de um sinal. Basicamente, existem dois tipos de sinais: os sinais analógicos e os sinais digitais, e é a partir da maneira com que a máquina lida com os dados de entrada, isto é, se usa sinais analógicos ou se usa sinais digitais, é que advém essa classificação: Computadores analógicos: Processam sinais analógicos; Computadores digitais: Processam sinais digitais. Dependendo da aplicação a que se destine, pode-se preferir um no lugar do outro, pois, por exemplo, as características de um dispositivo analógico para uma determinada aplicação específica, pode ser mais conveniente do que um computador digital, e vice-versa. Por isso, essa escolha deve ser estudada, caso a caso. A linha divisória entre o mundo digital e o analógico é bem visível, e pode ser facilmente identificada usando-se a seguinte regra: quando uma operação se destina a medir algo, um dispositivo analógico é empregado, enquanto, quando se contam coisas discretas, um dispositivo digital é utilizado. A partir dessa definição, pode-se dizer que, as palavras analógico e digital referem-se a métodos de naturezas diferentes de contagem ou de medição de um determinado fenômeno. Assim, todo dispositivo que conta quantidades discretas é denominado computador digital, enquanto, que, todo dispositivo que mede variáveis contínuas, é denominado de computador analógico. Apesar dessa aparente fácil distinção, pode haver algumas confusões em sua classificação, principalmente se considerarmos que atualmente encontrarmos alguns instrumentos, tais como relógios, balanças, termômetros etc., fabricados em ambas as tecnologias, digitais e analógicas. Computadores digitais são mais rápidos e mais fáceis de usar do que computadores analógicos, e, os dados resultantes de computadores digitais são mais fáceis de manipular e armazenar, podendo, a maior parte das informações ser armazenadas digitalmente dentro e fora do computador. Por outro lado, computadores analógicos são muito mais difíceis de operar, e as informações são muito mais difíceis de armazenar. Outra grande vantagem dos computadores digitais, é que eles são mais precisos do que os computadores analógicos, porque manipulam operações lógicas e aritméticas, como multiplicação, adição, subtração e divisão diretamente, enquanto, os computadores analógicos possuem atribuições específicas. Os computadores digitais são facilmente programáveis e por serem amplamente utilizados em múltiplas aplicações diferentes, são frequentemente chamados de computadores de uso geral. Por outro lado, os computadores analógicos podem ser usados apenas para atribuições específicas, tais como, réguas de cálculo cuja finalidade especifica é fornecer o valor de algumas operações matemáticas, os voltímetros analógicos que são projetados especificamente para medir a diferença de potencial entre dois pontos de uma rede, os sismógrafos que são capazes de prever fenômenos como terremotos, ou em computadores analógicos modernos com aplicações industriais, com a finalidade de medir parâmetros que variam continuamente, e assim, manipular grandezas físicas, tais como, tensão, temperatura, pressão, distância, aceleração, velocidade e força. Em geral, o resultado do trabalho de um computador analógico são gráficos representados em papel ou em uma tela de osciloscópio, ou um sinal elétrico que é usado para controlar um outro processo ou uma operação de um mecanismo. Os computadores analógicos são ideais para controle automático sobre os processos de produção, porque eles reagem instantaneamente a várias alterações nos dados de entrada, e por essa razão computadores analógicos são amplamente utilizados em pesquisas científicas e aplicações industriais. Uma vantagem dos computadores analógicos quando comparado aos computadores digitais, é que computadores analógicos podem funcionar em paralelo, o que significa que eles podem realizar múltiplas tarefas simultaneamente, ao contrário dos computadores digitais que só podem executar um cálculo por vez, e a única maneira de contornar isso em um computador digital é o emprego da computação paralela, onde uma única máquina possui vários processadores. No início do desenvolvimento da eletrônica, a tecnologia era toda analógica, mas à medida que a eletrônica digital ia dando passos largos de desenvolvimento, suas vantagens para a produção em massa se tornaram muito evidentes e deslocou grande parte da atenção industrial para essa área. A transição entre os dispositivos analógicos e os digitais se deu principalmente devido à necessidade de se realizar tarefas de maneira mais rápida e eficiente, com menos taxa de erros, e a preços mais acessíveis. Embora a telefonia analógica tenha sido simples de se usar no passado, ela foi em muito prejudicada por causa do preço considerado alto, e da escalabilidade limitada da tecnologia analógica. Por outro lado, a telefonia digital ofereceu taxas de chamadas mais baratas, de melhor qualidade de transmissão e de melhor escalabilidade. Enquanto, os primeiros sistemas e engenhocas de computação construídos no início do século XX eram, de fato, analógicos, atualmente praticamente desapareceram, podendo ser encontrados apenas em universidades de pesquisa, museus ou em algumas instalações industriais específicas, sendo que, em grande maioria, foram substituídos por inovações digitais.

Computadores híbridos

Outra consideração relevante é a existência de inúmeras situações em que a sinergia entre os pontos positivos das tecnologias digital e analógica se revela extremamente vantajosa. Dessa forma, surge o conceito do "computador híbrido" como um produto derivado, capitalizando as virtudes de ambos os paradigmas. Assim, uma abordagem moderna para classificar os computadores reconhece três diferentes modalidades de acordo com suas características operacionais: computadores analógicos, digitais ou híbridos. O computador híbrido representa o resultado da amalgamação das capacidades dos computadores analógicos e digitais, proporcionando a habilidade de manipular dados analógicos e gerar informações digitais, ou vice-versa. Enquanto os computadores analógicos destacam-se pela habilidade de conduzir cálculos diferenciais complexos, os computadores digitais sobressaem na execução de análises lógicas e numéricas. Ademais, os computadores digitais são notórios por sua precisão aprimorada, enquanto os analógicos oferecem uma interface mais intuitiva, apresentando resultados de maneira gráfica e simplificada. Dessa maneira, os computadores híbridos aliam a velocidade inerente aos sistemas analógicos à precisão e capacidade de armazenamento dos dispositivos digitais. Um marco significativo na história dos computadores híbridos remonta a 1961, quando a empresa holandesa Packard Bell produziu o pioneiro e eficiente "Hycomp 250", um exemplo inaugural de um computador híbrido. Este dispositivo, alinhado com a convergência entre o analógico e o digital, consolidou-se como um precursor das tendências que moldariam o desenvolvimento tecnológico nessa esfera.

Exemplos de computadores híbridos

Exemplo 89

Explique como um dispositivo analógico pode ser empregado para medir a pressão sanguínea e a temperatura de um paciente, e descreva o processo pelo qual os dados analógicos obtidos são posteriormente convertidos em dados digitais com significado.

Um dispositivo analógico é capaz de medir a pressão sanguínea e a temperatura de um paciente por meio de sensores que captam as variações físicas correspondentes. No caso da pressão sanguínea, um sensor de pressão pode detectar as mudanças na pressão arterial do paciente. Para a temperatura, um termômetro analógico pode registrar as oscilações térmicas do corpo. Uma vez obtidos esses sinais analógicos, é necessário transformá-los em dados digitais para que possam ser processados e interpretados por sistemas computacionais. Esse processo de conversão envolve um componente chamado conversor analógico-digital (ADC), que realiza a amostragem das leituras analógicas em intervalos regulares e as converte em valores digitais discretos. Cada valor digital representa uma amplitude específica do sinal analógico, e a taxa de amostragem determina a precisão da conversão. Após a conversão, os dados digitais resultantes podem ser processados por computadores digitais. Esses computadores podem aplicar algoritmos para analisar as leituras de pressão sanguínea e temperatura, possibilitando a identificação de padrões, variações anormais ou tendências ao longo do tempo. Isso é particularmente valioso em contextos médicos, onde as informações precisas sobre a pressão sanguínea e a temperatura podem fornecer insights cruciais sobre a saúde do paciente. Em resumo, a interação entre dispositivos analógicos e digitais permite a coleta de dados do mundo real de maneira contínua e sua subsequente tradução para o domínio digital, onde podem ser processados, armazenados e analisados de forma eficiente pelos sistemas computacionais. Esse processo exemplifica a convergência entre os reinos analógico e digital para melhorar a compreensão e o monitoramento de informações essenciais, como a pressão sanguínea e a temperatura em contextos médicos.

Exemplo 90

Apresente um exemplo prático que ilustre o conceito de computadores híbridos, destacando como as máquinas automáticas de venda de combustível em postos de gasolina empregam tanto tecnologia analógica quanto digital para medir e comunicar informações relevantes aos usuários.

As máquinas automáticas de venda de combustível em postos de gasolina são um excelente exemplo de computadores híbridos. Nesse contexto, essas máquinas operam de maneira integrada, combinando elementos de tecnologia analógica e digital para fornecer informações essenciais aos usuários. No processo de abastecimento, a máquina automática de combustível utiliza tecnologia analógica para medir a quantidade de combustível que está sendo dispensada para o veículo. Sensores analógicos, como os medidores de fluxo, monitoram a vazão de combustível em tempo real, traduzindo essa informação em sinais contínuos que refletem a quantidade exata de combustível sendo fornecida. No entanto, para facilitar a compreensão e interação dos usuários, a informação sobre o custo do combustível é apresentada em formato digital. A máquina converte o preço do combustível, previamente inserido no sistema, em um valor digital que é exibido no visor para o usuário. Esse visor digital fornece informações claras sobre o custo total do abastecimento, permitindo aos usuários tomar decisões informadas sobre o valor a pagar. Assim, a máquina automática de venda de combustível utiliza tanto a tecnologia analógica para medição precisa do fluxo de combustível quanto a tecnologia digital para apresentar de forma clara e conveniente as informações de custo aos usuários. Esse exemplo demonstra a sinergia entre os dois domínios, ilustrando como os computadores híbridos podem integrar aspectos benéficos de ambas as abordagens para criar sistemas eficientes e funcionais.

Exemplo 91

Discorra sobre o papel da máquina de eletrocardiograma (ECG) como um exemplo de computador híbrido na área médica. Descreva como a ECG utiliza tanto sinais analógicos quanto digitais para medir e interpretar a atividade cardíaca de um paciente, incluindo os processos de conversão de sinais e a geração de resultados.

A máquina de eletrocardiograma (ECG) é um notável exemplo de computador híbrido no campo da medicina, concebida para monitorar e interpretar a atividade cardíaca de um paciente. A ECG ilustra a convergência entre a tecnologia analógica e digital, empregando ambos os domínios para proporcionar informações valiosas sobre a saúde cardiovascular. A operação da ECG começa com a utilização de dezenas de sensores que são colocados estrategicamente no corpo do paciente. Esses sensores captam os sinais elétricos gerados pelas contrações do coração, que são, por natureza, sinais analógicos contínuos. No entanto, para que esses sinais sejam processados, interpretados e exibidos de maneira eficaz, eles precisam ser convertidos para o formato digital, o que ocorre por meio de mecanismos eletrônicos específicos. A conversão dos sinais analógicos para digitais ocorre por meio de um processo chamado amostragem, no qual os valores analógicos são capturados em intervalos regulares e transformados em valores digitais discretos. Esses dados digitais são então processados por um controlador, que aplica algoritmos complexos para analisar a atividade elétrica do coração. Através dessa análise, o controlador identifica padrões, ritmo cardíaco, anomalias e outros aspectos relevantes para o diagnóstico médico. Os resultados processados são convertidos em uma saída visual, geralmente na forma de um eletrocardiógrafo, que exibe as informações de maneira compreensível para os médicos e profissionais de saúde. Essa representação gráfica do traçado de ondas elétricas cardíacas permite uma avaliação detalhada da função cardíaca e a detecção de possíveis condições cardíacas. Em suma, a máquina de eletrocardiograma exemplifica a sinergia entre o analógico e o digital, combinando a captura de sinais elétricos analógicos com a conversão precisa para sinais digitais para possibilitar uma análise aprofundada da atividade cardíaca. Esse processo ilustra como os computadores híbridos são capazes de unir as vantagens de ambas as abordagens tecnológicas para oferecer informações clínicas cruciais.

Exemplo 92

Discuta a funcionalidade da máquina de ultrassom como um exemplo representativo de computador híbrido. Descreva como a tecnologia de ultrassom, sendo um sinal analógico inaudível ao ouvido humano, é empregada em equipamentos eletrônicos especializados para fins médicos. Explique o processo pelo qual a máquina de ultrassom opera, incluindo a transmissão, reflexão e captura do ultrassom, bem como as técnicas analógicas e digitais se entrelaçam para produzir uma imagem como resultado.

A máquina de ultrassom é um exemplo notável de computador híbrido, demonstrando a sinergia entre as tecnologias analógica e digital para fins médicos. O ultrassom é composto por ondas sonoras de alta frequência, um sinal analógico que se encontra acima da faixa de audição humana. No entanto, por meio de dispositivos eletrônicos especializados, é possível detectar e explorar essas ondas, estabelecendo uma ferramenta crucial para diagnóstico e monitoramento de pacientes. O funcionamento da máquina de ultrassom é fascinante em sua simplicidade e sofisticação. Uma máquina de ultrassom é composta por uma sonda transdutora que emite as ondas de alta frequência. Essas ondas viajam através do corpo e, ao encontrarem obstáculos, são refletidas de volta para a sonda. A sonda, que agora opera como um receptor, capta essas ondas refletidas. Aqui é onde a tecnologia híbrida entra em ação. Os sinais analógicos capturados pela sonda são convertidos em sinais digitais por meio de componentes eletrônicos específicos. Esses sinais digitais são então processados pelo computador integrado à máquina de ultrassom. O processamento envolve uma série de etapas complexas, incluindo análise de frequência, cálculos matemáticos e algoritmos de imagem. O resultado desse processamento é a produção de uma imagem visual. A imagem de ultrassom exibe as estruturas internas do corpo, permitindo aos médicos visualizar órgãos, tecidos e outras características. As técnicas analógicas e digitais trabalham em conjunto para criar essa imagem detalhada e informativa. Em síntese, a máquina de ultrassom é um exemplo notável de computador híbrido, onde os princípios analógicos do ultrassom são amplamente explorados por meio de eletrônicos especializados e, em seguida, transformados em informações digitais para processamento e geração de imagens. Essa integração harmoniosa entre o analógico e o digital exemplifica como a tecnologia pode ser alavancada para promover avanços significativos na área médica.

Exemplo 93

Explique o conceito de computador híbrido utilizando o exemplo de máquinas de monitoramento de pacientes em hospitais. Destaque como essas máquinas operam para coletar, converter e processar informações vitais do paciente. Além disso, discuta a importância dessa abordagem híbrida na modernidade e como ela facilita o acompanhamento médico detalhado e eficaz.

As máquinas de monitoramento de pacientes em hospitais constituem um exemplo notável de computadores híbridos, desempenhando um papel indispensável na saúde moderna ao acompanhar de perto todos os parâmetros corporais relevantes. Essas máquinas são projetadas para avaliar e controlar distintos parâmetros corporais, como frequência cardíaca, frequência respiratória, pressão arterial, SPO2 (saturação de oxigênio no sangue) e temperatura corporal. Ao combinar a capacidade de captura de sinais analógicos com o processamento digital, essas máquinas oferecem um acompanhamento médico de alta precisão e frequência. O funcionamento dessas máquinas de monitoramento é bastante sofisticado. Através da aplicação de diversos sensores fixados ao corpo do paciente, uma ampla gama de sinais analógicos é capturada. Esses sinais são gerados pelas atividades vitais do corpo e representam informações cruciais para a avaliação médica. No entanto, para que esses dados possam ser processados, analisados e interpretados, eles precisam ser convertidos em formato digital. O processo de conversão de sinais analógicos para digitais ocorre por meio de componentes eletrônicos especializados. Os dados capturados pelos sensores são transformados em sinais digitais, que são mais adequados para o processamento por sistemas computacionais. Após a conversão, esses sinais digitais são enviados para um controlador, que executa algoritmos complexos para processar e interpretar os dados. O resultado desse processamento é apresentado de forma visual e compreensível para a equipe médica. A máquina de monitoramento gera gráficos, tabelas e valores numéricos que refletem as condições do paciente. Esse monitoramento ocorre em tempo real e a uma frequência desejada, permitindo que os médicos tenham uma visão abrangente do estado do paciente e possam tomar decisões clínicas informadas. Em resumo, as máquinas de monitoramento de pacientes em hospitais exemplificam a convergência eficaz entre os aspectos analógicos e digitais da tecnologia. Ao capturar sinais analógicos, convertê-los em sinais digitais e processá-los por meio de um controlador, essas máquinas oferecem um acompanhamento médico detalhado, em tempo real e personalizado, que é essencial para um tratamento eficaz e uma recuperação bem-sucedida.

Exemplo 94

Explique a importância dos computadores híbridos na pesquisa, tanto acadêmica quanto nas indústrias de pesquisa e produção. Como a combinação de características dos computadores analógicos e digitais em um computador híbrido atende às necessidades específicas de experimentos em campos como Física e Engenharia? Forneça exemplos de como esses computadores híbridos são amplamente empregados em centros de pesquisa para alcançar altos padrões de precisão e eficiência na realização de experimentos.

Os computadores híbridos desempenham um papel vital no campo da pesquisa, seja no ambiente acadêmico ou nas indústrias de pesquisa e produção. Uma das áreas onde sua importância é particularmente proeminente é em experimentos científicos e engenharia, que demandam um nível excepcional de precisão e, frequentemente, a repetição exaustiva das mesmas operações. Nesse cenário, os computadores híbridos surgem como uma solução ideal, capitalizando as melhores características dos computadores analógicos e digitais, o que resulta em um desempenho aprimorado e atendimento a requisitos específicos. Os experimentos realizados em campos como Física e Engenharia frequentemente requerem um grau extremo de acurácia. O uso de computadores híbridos torna-se imperativo nesses casos, pois eles permitem combinar a precisão intrínseca dos computadores analógicos com a capacidade de processamento e análise detalhada dos computadores digitais. Isso possibilita a execução de cálculos complexos em tempo real, facilitando a aquisição de dados de alta qualidade, além de permitir ajustes e iterações rápidas para refinar os resultados. Os computadores híbridos também se destacam pela sua capacidade de otimizar experimentos que precisam ser repetidos inúmeras vezes, com variações controladas. A integração da tecnologia analógica e digital em um único sistema oferece a flexibilidade necessária para ajustar parâmetros de maneira precisa e eficiente, economizando tempo e recursos valiosos. Isso é especialmente valioso em pesquisas de grande escala, onde a eficiência é fundamental para alcançar descobertas significativas. Centros de pesquisa em todo o mundo aproveitam amplamente a versatilidade dos computadores híbridos. Um exemplo notável é a simulação de experimentos complexos em ambientes controlados, onde esses sistemas podem gerar resultados que se assemelham às condições do mundo real, permitindo testes prévios e otimização de processos. Em resumo, os computadores híbridos desempenham um papel crucial na pesquisa científica e na engenharia, onde a precisão e a eficiência são essenciais. Sua capacidade de combinar as vantagens dos computadores analógicos e digitais os torna uma ferramenta indispensável para a realização de experimentos de alta qualidade, promovendo avanços significativos em diversos campos do conhecimento.

Exemplo 95

Explique como a Ciência Forense é empregada para auxiliar em problemas judiciais, e destaque o papel dos computadores híbridos nas atividades relacionadas à medicina legal. Descreva um cenário em que um cientista forense utiliza um computador híbrido para analisar uma amostra de evidência, como uma substância em pó, utilizando a técnica de espectrometria de massa. Como os computadores híbridos contribuem para alcançar um alto grau de precisão nesse processo?

A Ciência Forense desempenha um papel fundamental na solução de problemas judiciais, proporcionando um conjunto de técnicas e conhecimentos científicos que auxiliam nas investigações. Essa disciplina é capaz de abordar uma ampla gama de questões legais por meio de métodos científicos rigorosos. Um dos aspectos notáveis da Ciência Forense é sua aplicação na medicina legal, onde os computadores híbridos desempenham um papel crucial para aprimorar as atividades investigativas. Ao coletar e analisar evidências de cenas de crimes, os cientistas forenses empregam uma variedade de técnicas para extrair informações valiosas. Um exemplo ilustrativo é o uso da espectrometria de massa para investigar substâncias desconhecidas. Suponhamos que um investigador criminal recolha uma amostra de uma substância em pó encontrada em uma cena de crime. Essa amostra é entregue a um cientista forense que utiliza a técnica de espectrometria de massa, dentre outras, para analisar a composição química do material e identificar seu composto molecular. A espectrometria de massa é particularmente eficaz na determinação da massa molecular de elementos presentes na amostra, permitindo inferências sobre sua identidade e possíveis isótopos. Para alcançar a máxima precisão nessa análise, os cientistas forenses recorrem a computadores híbridos. Esses computadores combinam as características vantajosas dos sistemas analógicos e digitais para processar os dados coletados e executar cálculos complexos. A interação entre os componentes analógicos e digitais oferece uma plataforma que possibilita a captura, a conversão e o processamento eficazes dos sinais obtidos durante a análise. Por meio dessa abordagem, a análise de espectrometria de massa é executada com alta precisão, contribuindo para a obtenção de resultados confiáveis e conclusões científicas sólidas. A capacidade dos computadores híbridos de processar dados em tempo real e ajustar parâmetros conforme necessário é de extrema importância em investigações criminais, onde detalhes precisos podem fazer a diferença. Em resumo, a Ciência

Forense desempenha um papel crucial no contexto judicial, e a aplicação de computadores híbridos, como na análise de espectrometria de massa, realça a capacidade da medicina legal de proporcionar resultados cientificamente embasados e confiáveis. O uso desses sistemas ilustra como a convergência entre as tecnologias analógicas e digitais é essencial para avançar na busca pela verdade e justiça nos cenários legais.

Exemplo 96

Explique a importância dos computadores híbridos nas atividades relacionadas à Defesa, como o sistema de controle de mísseis, sistemas de segurança nuclear e simulação de aviões de combate. Destaque as características que tornam os computadores híbridos ideais para essas aplicações, considerando a necessidade de rapidez e precisão. Forneça exemplos específicos que ilustrem como esses sistemas combinam as vantagens dos computadores analógicos e digitais para atender aos requisitos de Defesa.

A aplicação de computadores híbridos em atividades relacionadas à Defesa desempenha um papel crítico na garantia da segurança e eficácia de sistemas vitais. Os requisitos das operações de Defesa frequentemente demandam sistemas que sejam tanto rápidos quanto precisos, o que faz dos computadores híbridos uma escolha natural para aplicações como sistemas de controle de mísseis, segurança nuclear e simulação de aviões de combate. A integração harmoniosa das características distintas dos computadores analógicos e digitais permite o desenvolvimento de sistemas que se sobressaem em ambientes de Defesa complexos e desafiadores. Os sistemas de Defesa, como o sistema de controle de mísseis, demandam tempos de resposta ultrarrápidos e precisão excepcional. Nesses cenários, os computadores híbridos destacam-se por sua capacidade de processar informações em tempo real. Os componentes analógicos dos computadores híbridos contribuem para a captura instantânea e a análise inicial dos dados, enquanto os componentes digitais assumem o processamento avançado, incluindo cálculos complexos e tomada de decisões precisas. Isso resulta em uma execução eficaz de tarefas críticas, como rastreamento de alvos e lançamento de mísseis, garantindo a segurança das operações de Defesa. Nos sistemas de segurança nuclear, onde erros não são tolerados, os computadores híbridos oferecem uma abordagem equilibrada. As características analógicas permitem a detecção sensível de sinais eletromagnéticos sutis, enquanto a precisão digital permite a análise minuciosa desses dados, identificando anomalias que podem indicar ameaças potenciais. Essa combinação é essencial para garantir a integridade das instalações nucleares e a proteção contra atividades ilícitas. A simulação de aviões de combate é outra aplicação em que os computadores híbridos brilham. Eles permitem a criação de ambientes virtuais extremamente realistas, onde pilotos e equipes podem treinar em situações variadas de combate. Através da combinação de componentes analógicos para simulação de movimentos e sensações físicas com a precisão dos componentes digitais para a modelagem avançada de sistemas, os computadores híbridos possibilitam treinamentos ·que se aproximam das situações reais de batalha. Em síntese, a utilização de computadores híbridos em atividades de Defesa exemplifica como a convergência das vantagens dos computadores analógicos e digitais pode resultar em sistemas altamente eficazes. A rápida resposta e precisão que esses sistemas oferecem são fundamentais para operações de Defesa bem-sucedidas, garantindo a segurança e a eficácia em cenários complexos e dinâmicos.

Questões, Exercícios, Atividades & Treinamento

Para a maioria das questões, pesquise na Internet, em diferentes fontes, para desenvolver sua expertise. Habitue-se, sempre, a anotar adequadamente, a referência de onde extraiu as informações, usando de preferência as normas da ABNT mais atual, ou outra norma que preferir, como IEEE, por exemplo.

1) Por que a Lógica Simbólica é importante para a Programação de Computadores?
2) A álgebra que Boole desenvolveu em sua época é inteiramente igual a álgebra utilizada atualmente nos computadores atuais? Explique.
3) Por que Vannevar Bush sugeriu que Shannon estudasse a organização lógica do Analisador Diferencial em sua tese de mestrado?
4) Qual a influência sobre Shannon do estágio que ele fez na American Telephone and Telegraph's Bell Laboratories na cidade de Nova York no verão de 1937 em sua pesquisa posterior?
5) Qual a importância da tese de mestrado de Shannon nos fundamentos teóricos dos circuitos digitais?
6) Por que a dissertação de mestrado de Shannon é até hoje considerada uma das teses de mestrado mais influentes do século XX?
7) A tese de mestrado de Shannon encontrou aplicação imediata em sua época? E nos dias de hoje?
8) O trabalho de Shannon encontrou lugar na Teoria da Informação? Explique.
9) Onde supostamente o termo bit apareceu pela primeira vez?
10) É certo dizer que Shannon construiu uma ponte entre a teoria algébrica e aplicação prática de teoria de circuitos? Explique seus argumentos.

11) Dito resumidamente, quais são as duas grandes consequências da tese de Shannon?
12) Para que Shannon usou a álgebra Booleana em 1938?
13) Como se relacionam os circuitos digitais e a álgebra Booleana?
14) Como transformar as abstrações matemáticas da Álgebra Booleana em operações reais que podem ser implementadas por uma máquina?
15) O que são os transistores?
16) O que são as portas lógicas?
17) Explique a metáfora da palavra porta para designar portas lógicas.
18) Como era realizada as funções de portas lógicas antes da invenção dos transistores?
19) Quais sãos as tecnologias mais comuns de construção de portas lógicas?
20) O que é uma função Booleana?
21) Quais são as portas lógicas básicas?
22) Descreva o funcionamento das portas lógicas AND, OR e NOT através de suas Tabelas-Verdade.
23) Para as funções Booleanas abaixo:
24) Desenhe os circuitos correspondentes.
25) Simplifique as funções, usando-se as regras e os teoremas da Álgebra Booleana, justificando a cada etapa.
26) Construa a Tabela-Verdade correspondente.
27) Desenhe os circuitos equivalentes.
28) $S = A + A.B$

29) $S = A.(A + B)$
30) $S = A + A'.B$
31) $S = (A + B).(A + C)$
32) $S = A.B + C$
33) $S = (A + B).C$
34) $S = (A + B).(B' + C)$
35) $S = (A.C + B.C' + A'.B.C)$
36) $S = V.\{W + [(X + Y).Z]' + W\}$
37) $S = (D + A + B).(D + A' + B).(B' + C).(D + C)$
38) $S = X'.Y.(W' + W.Z') + (X + X'.Z.W).Y$
39) $S = (A.B + C + D).(C + D').(C + D' + E)$
40) $S = (A + B' + AB').(A.B + A'.C + B.C)$
41) $S = A'. (A + B) + C' + C.B$
42) $S = X'.Y + X.Y' + X.Y$
43) $S = (A + B + C) . (A' + B' + C)$
44) $S = (A + B) + [(A + B').B]'$
45) $S = A + A.B.C + A'.B.C + C.A + C'.A + A'.B$
46) $S = A.B + A.(B+C) + B.(B + C)$
47) $S = A'.B'.C' + A'.B.C' + A.B'.C$
48) $S = A'.B' + A'.B$
49) $S = (A + B + C).(A' + B' + C)$

50) Se duas formas de onda, A e B, são aplicadas nas entradas de uma porta AND, e, separadamente também numa porta OR, encontre a forma de onda de saída resultante, para cada uma das portas, para cada caso abaixo:
(a)

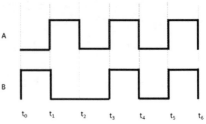

(b)

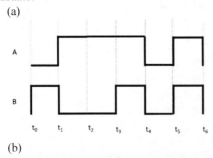

(c)

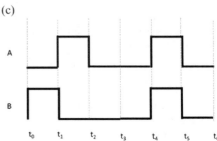

51) Qual era um dos ramos tecnológicos que mais se destacava nos anos 20 e 30 do século XX?
52) Qual era o trabalho de George Robert Stibitz na Bell Telephone Laboratories, em Nova York, em 1937?
53) Qual era um dos problemas fundamentais que as empresas de telecomunicações na década de trinta e quarenta do século XX tinham que enfrentar?
54) Descreva a evolução da telefonia no início do século XX, e explique por que cálculos matemáticos eram cada vez mais requeridos para que os sistemas telefônicos continuassem a evoluir?
55) Explique como os relés eram usados em equipamentos de comutação nos sistemas telefônicos?
56) Qual a relação que Stibitz encontrou entre relés, matemática binária e matemática simbólica?
57) Descreva o somador de cozinha de Stibitz. E por que recebeu esse nome?
58) Qual era o trabalho teórico que fundamentava o somador de cozinha de Stibitz?
59) Para que a Bell Labs mantinha um grupo de mulheres só para fazer cálculos matemáticos na época de Stibitz?

60) O que era o Complex Number Calculator (CNC)? Para que servia?

61) Explique como se deu a transmissão de dados na reunião da American Mathematical Society, em 1939, entre Hanover, no Dartmouth College, e a cidade de Nova York, há mais ou menos 450 km de distância.

62) Qual foi basicamente o trabalho de Stibitz na National Defense Research Council na Segunda Guerra Mundial?

63) Quais eram as demandas militares que exigiam de Stibitz trabalho computacional na Segunda Guerra Mundial?

64) Descreva as máquinas chamadas Modelo I, II, III, IV e V de Stibitz, e destaque as diferenças entre elas.

65) Qual a natureza dos trabalhos de John Vincent Atanasoff na Universidade Estadual de Iowa por volta de 1937?

66) Qual era o estado da computação no departamento de estatística do estado de Iowa, onde Atanasoff trabalhava, por volta de 1937?

67) Quais são as duas possíveis categorias importantes a que pertencem os dispositivos de computação, segundo Atanasoff?

68) Depois de examinar as possibilidades da computação, qual categoria Atanasoff escolheu, e por quê?

69) A IBM prontamente investiu no projeto de Atanasoff?

70) Qual era o interesse da empresa, IBM, por volta de 1937? Nessa época, a IBM já apoiava algum projeto computacional?

71) Atanasoff desistiu de seus projetos quando não conseguiu investimento externo?

72) Descreva como Atanasoff, no inverno de 1937 atacou sua frustração ao não receber incentivo financeiro para os seus projetos?

73) O que se sabe que Atanasoff rascunhou sobre uma máquina de computação nas costas de um guardanapo, quando ele estava numa estalagem no estado de Illinois?

74) Descreva resumidamente o projeto eletrônico e lógico geral do computador digital automático que Atanasoff imaginou para resolver grandes conjuntos de equações lineares simultâneas. Essa máquina que

Atanasoff idealizou era binária ou decimal? Explique.

75) Quanto Atanasoff recebeu, em março de 1939, de um programa de apoio a pesquisa para dar início aos seus projetos? Compare esse valor com os investimentos realizados no Harvard Mark I e no Modelo V de Stibitz.

76) Qual a importância de Clifford Edward Berry para o desenvolvimento inicial do projeto de Atanasoff? Liste todas as contribuições de Berry para o desenvolvimento do primeiro protótipo de Atanasoff, o somador de 16 bits. Explique o alcance desse protótipo e o que ele propiciou. Qual o objetivo principal dessa máquina?

77) Berry usou relés no projeto de Atanasoff? Usou tubos a vácuo? Explique? Quais problemas impediam que usassem os componentes mais convenientes em cada aplicação da máquina? Descreva.

78) Um segundo pedido de financiamento ao projeto de Atanasoff possibilitou uma concessão de qual valor? O que Atanasoff foi capaz de produzir nessa etapa de seu projeto? Qual era o objetivo principal dessa máquina? Quando começou esse segundo projeto? Onde foi construída? Quando terminou? Descreva tecnicamente a capacidade da máquina. Pode-se dizer que essa foi a primeira máquina de calcular que usava tubos à vácuo? Explique. Por que essa máquina recebe o nome de calculadora de uso geral? Explique.

79) Descreva o projeto de Atanasoff e Berry de 1941 para resolver problemas de equações lineares simultâneas. Atanasoff patenteou essa invenção? Por quê?

80) Descreva as características técnicas do computador ABC?

81) Compare os gastos envolvidos no ABC com os gastos de outras máquinas de outros lugares. Faça uma análise do custo-benefício dessas realizações, e justifique esses orçamentos. Por que essas discussões de orçamento são importantes para cientistas e engenheiros?

82) Discuta as deficiências técnicas mais relevantes do ABC? O que poderia melhorá-lo?

83) Discuta as grandes vantagens do ABC sobre as máquinas de computação da época.

84) O que era o Projeto X?

85) Qual o papel dos computadores analógicos no início da computação?

86) Descreva o computador digital.

87) Um computador digital pode ser apenas binário? Explique.

88) O que significa um computador digital decimal?

89) Qual componente eletrônico principal empregava os primeiros computadores digitais? Porque esses computadores digitais, dos quais o ENIAC é um exemplo, era tão grande?

90) Quais as vantagens de se usar um sistema binário em uma máquina de calcular? Explique.

91) Dê exemplos de sistemas não binários.

92) Dê exemplos de sistemas binários.

93) Por que o dimmer e o botão de som de uma caixa de som são exemplos de sistemas analógicos? Por quê?

94) Por que muitas vezes chamamos de porta, sistemas binários como interruptor e lâmpadas? Explique.

95) Como são chamados os estados 0 e 1 em Teoria da Informação? Explique.

96) Quando se deu o primeiro uso da palavra bit?

97) Como os bits podem representar as informações de Verdadeiro ou Falso, ou ON ou OFF, ou 0 e 1? Explique.

98) Descreva um sinal digital.

99) Os computadores digitais processam sinais analógicos? Explique?

100) Os computadores analógicos processam sinais digitais? Explique

101) Descreva algumas propriedades dos sistemas digitais.

102) Por que os dedos da mão humana podem ser considerados um dispositivo digital?

103) É correto dizer que o ábaco é um instrumento analógico? Explique.

104) Dê exemplos de computadores digitais e compare com as versões analógicas.

105) O que são os Equipamentos eletrônicos de Consumo (EEC)? Por que dizemos que muitos deles são computadores eletrônicos digitais? Explique.

106) O smartphones e celulares modernos são bons exemplos de computadores analógicos? Explique.

107) Nos tempos modernos, como se classificam os computadores quanto à característica de operação?

108) Computadores analógicos ainda são usados atualmente? Explique

109) Qual a diferença entre um sinal analógico e um sinal digital?

110) Identifique as vantagens e desvantagens dos computadores analógicos e dos digitais.

111) Quais as desvantagens da telefonia analógica que impulsionaram o desenvolvimento da telefonia digital?

112) O que são computadores híbridos analógico-digital? Dê exemplo de computadores híbridos.

113) Pesquise sobre o primeiro computador híbrido Hycomp 250 e descreva suas principais características.

114) Dê exemplos de computadores híbridos.

Bibliografia

1. Celino, Daniel R, Romero, Murilo A e Ragi, Regiane. Accurate and fully analytical expressions for quantum energy levels in finite potential wells for nanoelectronic compact modeling. *J Comput Electron.* 2021, Vol. 20, pp. 2411–2419.

2. Ragi, Regiane e Romero, M A. Fully Analytical Compact Model for the I–V Characteristics of Large Radius Junctionless Nanowire FETs. *IEEE Transactions on Nanotechnology.* 2019, Vol. 18, pp. 762-769.

3. Ramey, Karehka. WHAT IS TECHNOLOGY – MEANING OF TECHNOLOGY AND ITS USE. *useoftechnology.* [Online] 2017. https://www.useoftechnology.com/what-is-technology/.

4. Augarten, Stan. *Bit by Bit: An Illustrated History of Computers.* s.l. : Houghton Mifflin Harcourt, 1984.

5. Campbell-Kelly, Martin , et al. *The History of Mathematical Tables, From Sumer to Spreadsheets.*

6. [Online] http://www.penobscotmarinemuseum.org/pbho-1/history-of-navigation/navigation-american-explorers-15th-17th-centuries.

7. [Online] https://www.thocp.net/reference/sciences/mathematics/logarithm_hist.htm.

8. [Online] http://ds-wordpress.haverford.edu/bitbybit/bit-by-bit-contents/chapter-one/3-napiers-logs-and-napiers-rods/ .

9. Estatística, Escola de Matemática e. Wilhelm Schickard. *Universidade de St Andrews, Escócia .* [Online] abril de 2009. [Citado em: 09 de 09 de 2019.] http://www-history.mcs.st-and.ac.uk/Biographies/Schickard.html.

10. DAS RÄTSEL DER SCHICKARD-MASCHINE. [Online] HNF-Blog . https://blog.hnf.de/das-raetsel-der-schickardschen-rechenmaschine/.

11. [Online] http://ds-wordpress.haverford.edu/bitbybit/bit-by-bit-contents/chapter-one/1-8-leibniz-and-the-stepped-reckoner/.

12. Vannevar Bush's Differential Analyzer. [Online] Computer Museum - University of Amsterdam / The Netherlands, 24 de Abril de 2017. https://ub.fnwi.uva.nl/computermuseum/vbush_tbl.html.

13. The ABC of John Atanasoff and Clifford Berry. [Online] History-Computer.com. [Citado em: 5 de Janeiro de 2021.] https://history-computer.com/ModernComputer/Electronic/Atanasoff.html.

14. British Artillery Fire Controll. [Online] http://nigelef.tripod.com/fc_ballistics.htm.

15. Randell, Edited by Brian, [ed.]. *Texts and Monographs in Computer Science, The Origins of Digital Computers, Selected Papers .* Third Edition. s.l. : Springer-Verlag Berlin Heidelberg GmbH, 1982.

16. [Online] https://www.lucidchart.com/pages/what-is-a-flowchart-tutorial.

17. [Online] https://www.computerhistory.org/siliconengine/discovery-of-the-p-n-junction/.

18. [Online] https://www.computerhistory.org/siliconengine/people/.

19. [Online] https://www.computerhistory.org/siliconengine/invention-of-the-planar-manufacturing-process/.

20. [Online] http://www.intel4004.com/index.htm.

21. [Online] https://www.computerhistory.org/siliconengine/microprocessor-integrates-cpu-function-onto-a-single-chip/.

22. [Online] https://newsroom.intel.com.br/news-releases/intel-50-anos-microprocessador-8080-ensligh-only/?wapkw=Faggin#gs.x3pnv9.

23. [Online] https://sites.google.com/site/istoriarazvitiaevm111/home/istoria-razvitia-evm/princip-raboty-evm-pervogo-pokolenia/evm-vtorogo-pokolenia-susestvennye-otlicia/trete-pokolenie-evm/masiny-cetvertogo-pokolenia/patoe-pokolenie-evm.

24. [Online] http://bourabai.kz/toe/computer_generations.htm.

25. [Online] https://kotobank.jp/word/%E7%AC%AC%E4%BA%94%E4%B8%96%E4%BB%A3%E3%82%B3%E3%83%B3%E3%83%94%E3%83%A5%E3%83%BC%E3%82%BF%E3%83%BC-556987.

26. PREHISTORIC MATHEMATICS. [Online] The Story of Mathmatics. https://web.archive.org/web/20190914033438/http://storyofmathematics.com/prehistoric.html.

27. Ishango bone. [Online] Wikipedia. [Citado em: 06 de Maio de 2021.] https://en.wikipedia.org/wiki/Ishango_bone.

28. Pinto, Tales dos Santos. O que é Paleolítico? [Online] Brasil Escola. [Citado em: 06 de Maio de 2021.] https://brasilescola.uol.com.br/o-que-e/historia/o-que-e-paleolitico.htm.

29. Museum, National Archaeological. A versatile Mycenaean scribe. [Online] https://www.namuseum.gr/en/monthly_artefact/a-versatile-mycenaean-scribe/.

30. LAFRANCE, ADRIENNE. TECHNOLOGY - The Most Mysterious Object in the History of Technology. [Online] The Atlantic, 20 de Junho de 2016. [Citado em: 11 de Fevereiro de 2021.] https://www.theatlantic.com/technology/archive/2016/06/antikythera-mechanism-whoa/487832/.

31. Encyclopædia Britannica. [Online] https://www.britannica.com/.

32. [Online] https://americanhistory.si.edu/collections/object-groups/planimeters.

33. [Online] https://americanhistory.si.edu/collections/object-groups/planimeters.

34. [Online] https://en.wikipedia.org/wiki/Ball-and-disk_integrator.

35. 7 Examples of Analogue Computers in Real Life. *StudiousGuy*. [Online] [Citado em: 17 de Fevereiro de 2021.] https://studiousguy.com/analog-computers-examples/.

36. 7 Examples of Digital Computers in Real Life. *StudiousGuy*. [Online] [Citado em: 30 de Março de 2021.] https://studiousguy.com/digital-computers-examples/.

37. 7 Examples of Hybrid Computers in Real Life. *StudiousGuy*. [Online] [Citado em: 30 de Março de 2021.] https://studiousguy.com/hybrid-computers-examples/.

38. ARTIFACT DETAILS. *CHM Computer History Museum*. [Online] [Citado em: 30 de Março de 2021.] https://www.computerhistory.org/collections/catalog/102646194.

39. Charles Babbage Analytical Engine Explained – Everything You Need To Know. [Online] History Computer, 4 de Janeiro de 2021. https://history-computer.com/charles-babbage-analytical-engine/.

40. Ishango. [Online] ADIA-RBINS, 2018. https://ishango.naturalsciences.be/.

41. n.c. L'os d'Ishango. *Bibnum*. [Online] 2010. http://www.bibnum.education.fr/mathematiques/algebre/l-os-d-ishango.

42. Swetz, Frank J. Mathematical Treasure: Ishango Bone. *Mathematical Association of America*. [Online] https://www.maa.org/press/periodicals/convergence/mathematical-treasure-ishango-bone.

43. Sketch of The Analytical Enginee Invented by Charles Babbage, With notes upon the Memoir by the Translator. *Fourmilab*. [Online] Bibliothèque Universelle de Genève, Outubro de 1842. https://www.fourmilab.ch/babbage/sketch.html.

44. Holzheu, Michael. Charles Babbage's Analytical Engine. *Youtube.* [Online] https://www.youtube.com/watch?v=eMy4vSZ-J_I.

45. Tibees. The First Computer Program. *Youtube.* [Online] https://www.youtube.com/watch?v=_JVwyW4zxQ4&t=543s.

46. Britannica, Editores da Encyclopaedia. Bhaskara II. *Encyclopaedia Britannica.* [Online] Britannica, 1 de janeiro de 2022. [Citado em: 25 de abril de 2022.] https://www.britannica.com/biography/Bhaskara-II.

47. O'Connor , J J e Robertson, E F. Brook Taylor. *Mac Tutor.* [Online] Maio de 2000. [Citado em: 28 de Abril de 2022.] https://mathshistory.st-andrews.ac.uk/Biographies/Taylor/.

48. Augarten, S. *Bit by bit.* London : Allen & Unwin, 1985.

49. Bit by Bit | A course resource for the History of Mechanized Thought. [Online] Ds-wordpress.haverford.edu. http://ds-wordpress.haverford.edu/bitbybit/.

50. A complete new view of Stonehenge's landscape. *Hexagon.* [Online] [Citado em: 5 de Maio de 2022.] https://leica-geosystems.com/about-us/news-room/customer-magazine/reporter-81/a-complete-new-view-of-stonehenges-landscape.

51. The Salamis Tablet, the Earliest Surviving Counting Board. *Jeremy Norman's HistoryofInformation.com Exploring the History of Information and Media through Timelines.* [Online] https://historyofinformation.com/detail.php?id=1360.

52. James Pryde, F.E.I.S. Science Museum Group. *Mathematical tables, MADE: 1904 in London.* [Online] The Board of Trustees of the Science Museum. https://collection.sciencemuseumgroup.org.uk/objects/co8005506/mathematical-tables-book,%20folhei-a%20no%20site%20e%20descreva%20qual%20o%20seu%20uso%20mais%20prov%C3%A1vel..

53. Leibniz, Gottfried Wilhelm. La machine à calculer de Leibniz. [Online] http://www.bibnum.education.fr/calculinformatique/calcul/la-machine-calculer-de-leibniz.

54. The Earliest Surviving Analog Computer: the Antikythera Mechanism. *HistoryofInformation.com.* [Online]

55. Leibniz Invents the Stepped Drum Gear Calculator. *Jeremy Norman's .* [Online] HistoryofInformation.com. https://historyofinformation.com/index.php?str=Leibniz#entry_394.

56. EXPLANATION OF BINARY ARITHMETIC. *http://www.leibniz-translations.com/.* [Online] 2007. http://www.leibniz-translations.com/binary.htm.

57. *Leibniz Central.* [Online] http://dokumente.leibnizcentral.de/index.php?id=2.

58. onlinelibrary.wiley.com. *Explication de l'Arithmétique Binaire.* [Online] https://onlinelibrary.wiley.com/doi/epdf/10.1002/phbl.19700260603.

59. [Online] https://www.youtube.com/watch?v=GcDshWmhF4A.

60. [Online] http://www.bibnum.education.fr/calcul-informatique/calcul/notions-sur-la-machine-analytique-de-m-charles-babbage.

61. [Online] https://problemasteoremas.wordpress.com/2010/05/20/resolucao-da-equacao-do-4-%C2%BA-grau-ou-quartica/.

62. Mansfield, Daniel Francis . Plimpton 322: A Study of Rectangles. *Foundations of Science.* 2021, Vol. 26, pp. 977–1005.

63. Stonehenge funcionava como calendário solar, sugere pesquisador. *Galileu.* [Online] 2 de março de 2022. https://revistagalileu.globo.com/Ciencia/Arqueologia/noticia/2022/03/stonehenge-funcionava-como-calendario-solar-sugere-pesquisador.html.

64. Katscher, Friedrich . Extraindo Raízes Quadradas Fácil: Um Método Medieval Pouco Conhecido - Descrição do Método de Al-Hassar. *MAA - Mathematical Association of America.* [Online] Novembro de

2010. https://www.maa.org/press/periodicals/convergence/extracting-square-roots-made-easy-a-little-known-medieval-method-al-hassar-s-description-of-the-0.

65. The Editors of Encyclopaedia Britannica, revised and updated by Kenneth Pletcher. Wilhelm Schickard - German astronomer, mathematician, and cartographer. [Online] Britannica, 18 de Abril de 2022. https://www.britannica.com/biography/Wilhelm-Schickard.

66. Darvill, Timothy . Keeping time at Stonehenge. *Antiquity.* 2 de Março de 2022, Vol. 96, 386, pp. 319 - 335.

67. O'Connor , J J e Robertson, E F. Wilhelm Schickard. *Mac Tutor.* [Online] Mathshistory, Abril de 2009. https://mathshistory.st-andrews.ac.uk/Biographies/Schickard/.

68. Gutiérrez, Renata Barradas . A complete new view of Stonehenge's landscape. *Leica Geosystems.* [Online] [Citado em: 09 de Agosto de 2022.] https://leica-geosystems.com/about-us/news-room/customer-magazine/reporter-81/a-complete-new-view-of-stonehenges-landscape.

69. Darvill, T. Keeping time at Stonehenge, Antiquity, 96(386), 319-335. [Online] 2022. [Citado em: 10 de Agosto de 2022.] https://www.cambridge.org/core/journals/antiquity/article/keeping-time-at-stonehenge/792A5E8E091C8B7CB9C26B4A35A6B399.

70. Arqueología El Dolmen de Guadalperal volverá a quedar cubierto bajo las aguas del pantano de Valdecañas. [Online] RTVE.es MINISTERIO DE CULTURA Y DEPORTE, 19 de Setembro de 2019. https://www.rtve.es/noticias/20190919/dolmen-guadalperal-volvera-quedar-cubierto-bajo-aguas/1979632.shtml.

71. The Earliest Surviving Analog Computer: the Antikythera Mechanism. *HistoryofInformation.com.* [Online] https://historyofinformation.com/detail.php?id=120.

72. [Online] http://ds-wordpress.haverford.edu/bitbybit/bit-by-bit-contents/chapter-one/3-napiers-logs-and-napiers-rods/.

73. [Online] https://problemasteoremas.wordpress.com/2010/05/20/resolucao-da-equacao-do-4-%C2%BA-grau-ou-quartica/.

74. [Online] http://www.bibnum.education.fr/calcul-informatique/calcul/notions-sur-la-machine-analytique-de-m-charles-babbage.

75. Datação por Radiocarbono e Arqueologia. [Online] https://www.radiocarbon.com/portugues/arqueologia.htm.